CW00482226

SARTRE, RÉVEILLE-TOI, ILS SONT DEVENUS MOUS !

DU MÊME AUTEUR

Le Rhin, mémoires d'Europe,
Mercure de France, 1992.

Une Europe inédite,
Presses universitaires du Septentrion, 2000.

Jachères des fertilités,
Éditions du Guetteur, 2001.

Bernard Lefort

SARTRE, RÉVEILLE-TOI, ILS SONT DEVENUS MOUS !

essai

Ramsay

À A. J. L. et C.,
en souvenir de nos années Sartre.

À V. parce que.

In memoriam Paul Webster.

Ne jamais se flatter
d'avoir fait sa descente aux enfers
car un voyage aux enfers,
en plus cruel encore,
est toujours à refaire.

Michel LEIRIS, *Éclipse*, 1961.

À ceux qui ont aimé Sartre,
l'aiment, l'aimeront.

Simone DE BEAUVOIR,
La Cérémonie des adieux, 1981.

Ça continue, la haine de Sartre.
Elle est intacte,
après cinquante ans.
Faut-il qu'il leur ait fichu
la trouille, aux bien-pensants.

Bertrand POIROT-DELPECH,
Les Temps modernes, 1996.

Envoi

Je laisse aux hyènes dactylographes, celles d'hier et d'aujourd'hui, leurs griffes dénonciatrices et leurs travaux coupables. Sartre vaut mieux qu'une commémoration orchestrée par de vieux aigris revenus de tout et de jeunes-vieux partis de nulle part. On entre chez un mort comme dans un moulin, disait-il. Eh bien ! avec Sartre, il y a du grain à moudre !

La littérature qui fait aujourd'hui florès eût tiré à Sartre quelques ricanements. Littérature engagée pas morte. *Engagé* : le mot est entré dans l'ère du soupçon. Pourtant, il ne s'est pas agi pour Sartre d'enchaîner les mots à des ordres tyranniques mais de donner aux mots le poids de la vie qui résiste, qui insiste. Les chemins de la liberté sont une aventure hors sentiers de randonnées. Sartre prenait des risques. Rien dans les mains, rien dans les poches. Belle formule sartrienne. Seule la carte dessinée par la passion de vivre. Ce n'est pas asservir le vocabulaire que d'en utiliser les germes pour féconder une vraie liberté.

Sartre, réveille-toi,

Le jardin de Sartre ? Un champ de bataille, ronchonnent-ils. Non, un horizon peuplé. Des friches, des dédales à l'anglaise, des harmonies à la française. Un mouvement. Une architecture mouvementée. Sartre défriche, laboure, sème, cultive, repousse les limites du cartographié, plante des haies ou les arrache selon les temps de l'histoire, de son histoire. Il taille ses livres dans la chair d'un siècle effroyable.

Rejeton de la Première Guerre mondiale et de la révolution bolchevique, jeune homme « en l'air », la Seconde lui fait un âge livide. Le monde de Sartre sera désormais tout sauf paisible. Alors il fourbit ses mots. Il arme son regard d'une visée justicière. À la fin de l'envoi, il touche ! Mais Sartre n'est pas Cyrano. Sûrement un philosophe, un écrivain. Pas n'importe lequel. Il disperse les cendres, souffle sur les braises vivaces, attise des incendies propices contre les vermines de la lâcheté, de l'indifférence. Parfois seul, souvent en chef de bande. Et on le suit. Pouvoir de conviction ? Terrorisme intellectuel ? Aurait-il trompé des jouvenceaux fascinés ? Sartre était tout sauf un maître médusant. Si tant d'hommes et de femmes se sont *servis* de sa pensée, c'est qu'il était dans le coup. Pour interpréter les balbutiements de son époque, il a cherché un autre langage, un autre rapport au réel. Serti de concepts empruntés ? Et alors ! Socrate n'est pas né de la cuisse de Jupiter. Parler est un risque à prendre quand tout encourage le silence.

Ce livre ne sera pas un exposé de la pensée sartrienne ni une énième évaluation de ses fameuses « erreurs » ni un répertoire de ses coups de génie. Mais le regard d'un lecteur « indépendant » sur l'une des plus passionnantes aventures intellectuelles du XXe siècle. Une relecture des textes qui montrent ses chemins ; particulièrement, les articles, les entretiens, où il commente son évolution. J'aimerais suivre Sartre, le suivre « au pied de la lettre », scrutant ce qui a fait sens pour lui, ce qui fait sens pour nous, et pas seulement pour moi.

Le monde de Sartre n'est plus le nôtre ; mais sa recherche fait partie de nos recherches quand il s'agit de penser la place de l'intellectuel, son intervention dans la cité, sa capacité à vouloir « changer le monde », avec les autres. Son ancrage dans *son* siècle en fait le témoin de *notre* présent. Sartre permet de gagner du temps. En 1964, quand Sartre refuse le prix Nobel de littérature, Gilles Deleuze, le futur auteur de *L'Anti-Œdipe*, avec Félix Guattari [1], écrit : « Nous parlons de Sartre comme s'il appartenait à une époque révolue. Hélas ! C'est plutôt nous qui sommes déjà révolus dans l'ordre

1. Gilles Deleuze et Félix Guattari, *L'Anti-Œdipe*, Minuit, 1972.

moral et conformiste actuel. Au moins Sartre nous permet-il d'attendre vaguement des moments futurs, des reprises où la pensée se reformera et refera ses totalités, comme puissance à la fois collective et privée. C'est pourquoi Sartre reste notre maître. »

Ajoutons que Sartre rend caduques, ou tout du moins pâlottes, par sa présence, les enquêtes récurrentes sur le « silence des intellectuels » ou, variante classique : « Que peuvent les intellectuels ? » Les textes de Sartre donnent des réponses, ou plutôt, formulent des questions. Vingt-cinq ans après sa mort, cent ans après sa naissance, la question demeure : Que penser, que faire ? Comment faire advenir la figure de l'homme libre ? Quelle liberté ?

I

Portrait de l'étudiant en sartrien

Forcément, il y a un début. Nous étions en 1973. Cinq ans après Mai 68. Dans cet « après 68 » qui faisait encore frémir quelques bourgeois sains et saufs – certains s'étaient finalement résolus à abandonner les cantons helvétiques – et quelques staliniens pas encore remis d'un événement qu'ils n'avaient ni prévu ni contrôlé. Ils n'étaient pas les seuls.

De Gaulle était mort depuis quatre ans et la gauche française, mal en cours, décotée à la bourse des révolutions, se recomposait lentement, aiguillonnée par une poignée de gauchistes de beaucoup d'obédiences, de nouveaux et de vieux libertaires, d'incontrôlés non encartés, etc. Sous Pompidou régnant perçait Giscard d'Estaing, Valéry. Un an plus tard, les Français qui l'avaient voulu, fort timidement certes, le choisissaient pour sept ans. Un septennat à la Napoléon III – hypothèse de travail pour les futurs historiens ? – : une face « libérale », une face « courroucée », avec l'accordéon pour faire passer la chanson et la poule au pot pour tout le monde.

Il faudra encore s'intéresser à ce septennat aristo qui aura pourtant pris en compte les ratés de la France gaullienne, légalisé l'avortement sous la pression des mouvements féministes, octroyé le droit de vote à 18 ans, et préparé le monde radieux de la consommation déjà faisandé des Trente Glorieuses. Moitié carotte, moitié bâton donc, ou comment sortir du XIXe siècle pour plonger, par glissement progressif, de l'ancien-nouveau capitalisme à l'ivresse de l'actionnariat populaire.

1973. Je venais de décrocher ma licence de philosophie. Je déposais un sujet de maîtrise. Le cher Pierre Kaufmann, lacanien en général et kaufmannien en particulier, me chaperonnait dans l'institution universitaire. Outre le souvenir que je garde de ses cours à Nanterre-la-Folie – « J'espère que vous n'êtes pas là pour apprendre un métier ! » –, c'est la vision de la porte de son appartement où il tenait parfois séminaire qui s'impose : des traces rouges, de la cire, le reliquat des scellés qui avaient été posés par les Allemands pendant l'Occupation.

Le sujet de ma maîtrise ? « Ontologie et connaissance du social chez Jean-Paul Sartre. » J'avais lu à 16 ans *La Nausée*, je n'avais eu, depuis, qu'une seule envie : lire Sartre, tout Sartre. Et le rencontrer.

ils sont devenus mous !

Avec un ami, passionné lui aussi par le philosophe, qui avait choisi de faire sa maîtrise sur son œuvre, nous nous embarquâmes pour la planète sartrienne. Le sujet de l'objet universitaire avait pour but de parcourir le chemin qui menait de *L'Être et le Néant*, publié en 1943, à la *Critique de la raison dialectique*, paru en 1960.

Souvenir 1 : je n'ai pas fait Mai 68. Je n'étais d'aucune faction. Je ne savais même pas qu'il en existait. J'ai vu passer un printemps de l'histoire. Pas de fugue. N'est pas Rimbaud qui veut. Mais à l'automne 68, j'étais sur le pont. J'y suis toujours, de mon observatoire singulier.

Souvenir 2 : 1968. J'étais élève au collège des Feuillantines, à l'angle de la rue Gay-Lussac, quand une nuit de barricades orna Paris de quelques frises hétéroclites qui barraient les rues et habillaient bizarrement les avenues de défilés iconoclastes.

Mon collège était situé à quelques pas de l'École normale supérieure, rue d'Ulm, où s'activaient quelques futurs Maos activistes, qui n'avaient pas encore visité les coulisses de la révolution chinoise, sous la férule d'Althusser.

Lorsque je suis revenu ce matin de mai 68, d'une virée sportive en Allemagne avec mes camarades de collège – j'appartenais, à ce moment-là, à une association franco-allemande de la jeunesse très en vogue sous de Gaulle –, la rue Gay-Lussac avait muté : bagnoles calcinées, renversées, amas d'objets divers plus très identifiables, pavés en goguette, et cette odeur inconnue, prégnante, acide, un parfum bizarre, un parfum de grenade lacrymogène qui n'a jamais pu être « marchandisé » par un Karl Lagerfeld malgré tous ses talents.

Ce jour-là [1], ce fut un choc, presque une révélation. Il s'était passé quelque chose d'énorme. Il me fallait résoudre l'énigme. Il me fallait comprendre. Sartre allait m'y aider avec sa lanterne, car en plein jour, sous les férules pompidoliennes, il fallait chercher la lumière.

Souvenir 3 : 1972. J'étais déjà parti à la recherche de Sartre. Je lisais tout ce qu'il publiait, tout ce qui s'écrivait sur lui. Mais le rencontrer ? Toujours est-il qu'un matin je franchissais le seuil du café, à Montparnasse, où il prenait son petit déjeuner. Ma première visite à Sartre. Ce qui me motivait alors, outre sa philosophie et son engagement dans l'après 68, c'était son parrainage d'un nouveau journal : *Libération*. Je voulais depuis longtemps devenir journaliste – la philosophie étant pour moi une « propédeutique » au journalisme ! – et pas

1. Dans un café de la rue Gay-Lussac, en 2005, dans un recoin, des photos de la rue en 1968, en noir et blanc. Étrange ressemblance avec des photos de la Commune. Mais des CRS à la place des soldats, une barricade, la perspective de la rue Gay-Lussac, soufflée par un cyclone…

dans n'importe quel journal. Je lui posai la question : Comment faire ? Il me conseilla d'aller rue de Bretagne, où se trouvait alors le « brain-trust » du futur quotidien, dans les locaux de l'APL, l'Agence de presse Libération. J'entrai plus tard à *Libération*, très tard dans le siècle.

Ma vraie rencontre avec Sartre, ce fut en 1975. J'avais avancé dans mes recherches, et je pensais pouvoir échanger quelques idées, pas trop banales, pas simplement admiratives. J'avais demandé un rendez-vous à son secrétaire d'alors, André Puig.

Au jour fixé, je suis allé boulevard Edgar-Quinet. J'arrive à l'étage, ignorant à quelle porte frapper. Un murmure de voix provenait de celle de droite, en haut de l'escalier. J'ai entendu vaguement prononcer le nom de Soljenitsyne. À moins d'une forte coïncidence… Ce devait être là. Je sonne. Les voix s'évanouissent. L'œilleton de la porte s'assombrit. On me regarde. Puis rien. La discussion de l'autre côté s'envole de plus belle. Intrigué, je frappe avec insistance. Nouvel assombrissement de l'œilleton, que je regarde, espérant… Nouveau silence, nouvelle discussion suspendue… La porte s'entr'ouvre. Une demi-tête apparaît dans l'encoignure. Ce n'était pas Sartre mais Simone de Beauvoir, l'air interrogateur et légèrement agacé. Je lâche la raison de ma présence et de mon insistance… « Ce n'est pas possible, me dit-elle, nous travaillons, téléphonez-moi dimanche. » Le temps de noter le numéro de téléphone, l'entretien était terminé.

J'appelai donc Simone de Beauvoir, et obtins facilement un rendez-vous, après avoir expliqué brièvement l'objet de ma visite ratée : parler à Sartre du sujet de ma maîtrise. J'ai finalement rencontré Sartre, le 10 février 1975, avec l'ami qui lui aussi préparait son mémoire. Il nous écouta poser nos questions, et il y répondit avec patience.

Des notes que j'ai gardées de l'entretien émergeaient plusieurs thèmes : la liberté, évidemment, la psychanalyse, même le progrès... Une phrase que je n'ai pas oubliée, comme nous parlions du communisme : « Althusser s'est laissé manger par le parti. Il faut compter avec ceux qui mangent. » Est-ce à ce moment-là que je lui ai parlé de son *opus magnum*, *La Critique de la raison dialectique* ? Est-ce à ce moment que Sartre fit allusion au second tome dont il avait abandonné la publication ? Toujours est-il qu'il nous proposa de le consulter, si nous le souhaitions... Oui, nous le souhaitions ! « Téléphonez à Simone de Beauvoir... »

Peu de temps après, ayant avancé dans la rédaction du mémoire, je relatai à Beauvoir notre conversation avec Sartre à propos de *La Critique*. Quelques jours après, elle me remit le manuscrit du second tome, deux dossiers cartonnés qu'elle glissa dans un sac en plastique, sans plus de cérémonie.

ils sont devenus mous !

Je repartis de la rue Schoelcher où elle habitait l'esprit en fête, le plus heureux des étudiants de philosophie. Dans le métro, je serrais contre moi le précieux document, abasourdi par tant de simplicité et de générosité. J'ai conservé quelques photocopies du manuscrit – on a le fétichisme qu'on peut. J'ai pu garder plusieurs mois ce cadeau superbe.

Après cette première rencontre, il y en eut quelques autres avec Sartre. Et avec Simone de Beauvoir. Un jour, espérant l'intéresser, je lui avais dit que j'écrivais des poèmes. Je souhaitais les lui faire lire. Mais bien sûr… Elle les lut, les fit passer aux *Temps modernes* où ils furent publiés à diverses reprises, entre 1977 et 1985.

Quand j'allais rue Schoelcher, vers le début des années 1980, Beauvoir m'accueillait avec une vraie gentillesse, et souvent sans bandeau, n'en déplaise aux caricaturistes. Et nous parlions. De tout, du journalisme, de la télévision – je travaillais à cette époque à *Droit de Réponse* –, du féminisme, des nouveaux pères… Et puis de Sartre. Lorsqu'elle a fait paraître en 1981 *La Cérémonie des adieux*, où elle s'entretient avec Sartre, et raconte leurs derniers moments, elle m'en envoya un exemplaire. On a les souvenirs qu'on veut.

Dernier souvenir, vers la fin des années 1970. Mon premier voyage en avion. Une Caravelle vieillotte traçait sa route vers Frankfurt-am-Main, où

Daniel Cohn-Bendit vivait et travaillait depuis 1968, toujours interdit de séjour en France. Dany le Rouge était pour moi une figure symbolique, quasi mythique de Mai. Il faisait partie de mon panthéon. J'avais lu en mai 68 son entretien avec Sartre paru dans le *Nouvel Observateur* [1].

Le voyage avait été décidé par l'entremise de P., qui appartenait à l'équipe des *Temps modernes*. Notre voyage avait un objectif précis : revenir de Francfort avec un entretien de Dany le Rouge.

À Francfort, l'accueil fut chaleureux. Très. Dany avait trouvé sa place dans une communauté située dans un vieux quartier de la ville, et il travaillait alors à la mairie. Deux jours, ce fut vraiment trop court pour saisir le feu follet. Nous n'avons pas rapporté d'interview. Le manque de temps sans doute, et le peu d'intérêt pour l'exercice, m'a-t-il semblé, de la part du futur député européen. Nous avons parlé, certes, de la France, de l'Allemagne, de Mai 68… J'ai retenu une phrase, entre autres, de notre séjour : « Sartre – avait-il dit "le Vieux" ? – devrait faire son autocritique… » À propos de quoi

1. Dans le numéro daté du 20 mai 1968, paraissait un entretien de Sartre avec Daniel Cohn-Bendit. À la fin de celui-ci, Sartre dit, commentant à chaud l'action des contestataires : « Quelque chose est sorti de vous, qui étonne, qui bouscule, qui renie tout ce qui a fait de notre société ce qu'elle est aujourd'hui. C'est ce que j'appellerai l'extension du champ des possibles. N'y renoncez pas. » Sartre n'y renonça pas.

avait-il lâché cela ? À quel fil de la conversation s'était accrochée la réponse ? Ses relations avec les Maos ? La période « compagnon de route » de Sartre, le temps de sa proximité avec le parti communiste français ? Sartrien orthodoxe, la phrase m'avait étonné… Venant de Cohn-Bendit, la critique ne pouvait me laisser indifférent.

Libertaire, antistalinien, icône de Mai 68, Cohn-Bendit avait sans doute à redire sur l'engagement de Sartre auprès des communistes ou des Maos. Mais Sartre n'était pas « Mao ». Il l'avait écrit, faisant le point sur ses rapports avec eux, dans un livre paru en 1972, *Maos en France* [1]. Ses liens avec les Maos, son intérêt pour leur démarche politique, ce qu'il comprenait de leur stratégie, son soutien à des militants pourchassés, ce n'était pas un *remake* de ses rapports avec le PC français, mais le sentiment qu'une autre pratique politique se dessinait. On sait ce qui en advint. Mais c'est une autre histoire.

L'après 68 a été un moment de recomposition de la gauche et de la droite françaises. Il faudra treize ans avant que le successeur d'une exsangue SFIO ne revienne au pouvoir. Cette longue « transition », Sartre a essayé de la penser avec ce qui émergeait

1. Cf. Michèle Manceaux, *Maos en France*, Avant-propos de Jean-Paul Sartre, Gallimard, 1972.

dans « le mouvement » de nouvelles pratiques politiques.

Sa réflexion portait sur des questions toujours pendantes : comment faire en sorte qu'un parti du changement ne s'institutionnalise pas ? Que sont les individus dans un système politico-économique qui les sérialise ? Comment établir des liens, construire des actes qui engagent vers plus de liberté pour l'homme, pour tous les hommes ? Quelle solidarité de résistance élaborer ? Comment faire pour que « l'interdépendance humaine » aille au-delà de l'émotion vers la construction d'une réelle *solidarité*[1] ? Comment penser l'avenir de l'homme dans cette époque de nouvelle mutation du capitalisme ?

Capitalisme ? Un vilain mot. Gardons-le pour les raisons qu'avance, parmi d'autres, un distingué économiste américain, altermondialiste non déclaré : « Quand le *capitalisme*, avec son signifiant historique, a cessé d'être acceptable, on l'a rebaptisé. Le nouveau terme est inoffensif mais ne veut rien dire[2]. » Le nouveau terme ? « Pour les économistes, les porte-parole des entreprises, les orateurs politiques prudents et certains journalistes,

---

1. Voir à ce propos l'excellent article de Zaki Laïdi, « La mondialisation tsunami », *Libération*, 14 janvier 2005.

2. Cf. J.K. Galbraith, *Les Mensonges de l'économie*, Grasset, 2004, p. 15.

l'expression polie est aujourd'hui *économie de marché*. Il arrive qu'on entende encore *capitalisme*, mais rarement chez les défenseurs du système rompus aux finesses de la langue [1]. » Un distinguo qui eût plu à Sartre !

Par les questions qu'il posait, les réponses qu'il apportait, « en situation », par sa recherche, par ce qu'il n'a pas « trouvé » et par les interrogations qu'il a léguées, Sartre m'a passionné. Ses convictions, si elles sont situées dans son époque, demeurent pour nous comme des questionnements à reformuler, à approfondir : un projet de libération pour tous les hommes, conçu par les hommes qui s'engagent parfois dans la solitude, parfois dans de courts moments de « fusion » où tombe leur séparation. Le « mouvement altermondialiste », qui marque peut-être le renouveau d'une approche planétaire des défis posés à l'humanité quant à sa survie et son bien-être, n'aurait pas laissé Sartre silencieux, et il aurait été certainement critique.

1. *Ibid.*, p. 17-18.

II

Quand Jean-Paul devient Sartre

« Dans la vie courante, il y a une foule de mensonges, de bienséances, de pacifications… qui hantent la vie ; mais comme écrivain, on ne trouvera dans mon œuvre pas un mensonge. Des erreurs, peut-être – ça c'est autre chose – mais que d'autres pouvaient aussi tenir pour des vérités. »

Jean-Paul SARTRE,
Entretiens avec Michel Sicard,
1977-1978.

« On réfléchit toujours à ce qu'on n'a pas. Sartre, le planqué de l'Occupation, a fait la théorie de l'engagement. »

Régis DEBRAY,
Libération, 2 novembre 2004.

L'expérience militante, radicale, de Régis Debray, ancien compagnon de Che Guevara, n'est pas une bluette. La prison, de 1967 à 1970, fut au bout du compagnonnage après la mort du révolutionnaire. La *Critique de la raison politique*, parue chez Gallimard, dans la « Bibliothèque des idées » – collection où Sartre publia *La Critique de la raison dialectique* –, porte la méditation de l'expérience de Debray et de ses engagements politiques. L'introduction de ce livre fait écho à sa longue détention en Bolivie : « C'est en prison que les parallèles se rejoignirent pour la première fois. Je ne dirai jamais assez ce que je dois à ces quatre années ou presque de "recueillement". Tout ce que développe cette *Critique de la raison politique* procède de mes ruminations d'alors, et des brouillons. [...] Le temps long des gestations philosophiques est grignoté, voire fracassé par le court terme de l'actualité, qui porte au *presto* polémique et dont les citoyens en liberté ont toujours quelque honte à s'affranchir. L'emprisonnement libère, qui donne toutes ses chances à la lenteur des nuits, autant dire, peut-être, à une ou deux idées viables[1]. »

Si Debray, dans sa prison de Camiri, s'affranchit du « court terme de l'actualité », Sartre lui, s'affranchira pendant ses mois de mobilisation, puis de captivité, de ses dernières illusions de jeunesse, ébauchant l'analyse de sa « névrose littéraire », qui plus tard donnera *Les Mots*.

L'« emprisonnement » de la Seconde Guerre mondiale a libéré Sartre. Jamais il n'a été aussi contraint et libre que pendant sa carrière militaire forcée qui commence le 2 septembre 1939, quand le soldat s'affuble de sa tenue à la caserne lorraine d'Essey-lès-Nancy.

Mal fagoté dans son uniforme, ne supportant pas la hiérarchie militaire, décalé, il écrit frénétiquement. Il sort de son sommeil politique, lui qui n'a suivi les événements du Front populaire qu'avec sympathie, sans vraiment songer à y prendre part, et sans pour autant rester indifférent à la tragédie de la guerre d'Espagne. Il rumine en ces mois d'attente *L'Être et le Néant* – publié en juin 1943 chez Gallimard –, achève à la fin de l'année 1940 le premier volume des *Chemins de la liberté*, écrit ses lettres à Beauvoir et à beaucoup d'autres, lit tant qu'il peut.

1. Régis Debray, *Critique de la raison politique*, Gallimard, 1981, p. 13.

ils sont devenus mous !

Le 21 juin 1940, Sartre a été fait prisonnier en Lorraine. Transféré en Allemagne, à Trèves, il ne sera élargi qu'en mars 1941 par les vertus d'un faux certificat médical forçant sur ses troubles visuels. Peu à peu, il va « se mêler de ce qui ne le regarde pas ». Par petites touches d'abord, puis à grands coups de livres, d'articles, de coups de gueule. Contrairement à Debray, il ne fera plus de différences entre l'actualité et « le temps long des gestations philosophiques ». C'est ce que l'on condamne chez lui, cette manière de philosophe de l'urgence. Mais c'est son rythme. C'est sa façon de vivre. C'est ce qui le caractérise et lui donnera son profil, sinon sa statue, d'intellectuel « engagé », passant de la nouvelle au roman, de la philosophie au théâtre, de la critique littéraire à l'essai politique… Sans se retourner sur ses pas. Sartre aura fait sienne la maxime du discret philosophe Jules Lequier : « Faire la statue et la briser. »

L'actualité qui porte au *presto*, cela n'a jamais empêché Sartre de penser. En tout cas, pas à partir de 1945. L'actualité semble même avoir été un aiguillon nécessaire à son travail. Ce qui n'était pas le cas avant la guerre ; il s'en est expliqué, on va le voir. Avant, il avait des comptes à régler avec lui-même.

Lorsque vers la fin de sa vie, en 1974, Simone de Beauvoir l'interroge sur la survie de son œuvre, et lui demande ce qu'il aimerait voir passer à la postérité, de son œuvre littéraire ou de ses textes philosophiques, il mentionne les *Situations*, « ces articles qui se rapportent à [s]a philosophie mais qui sont écrits en style très simple et qui parlent de choses que tout le monde connaît [1] ».

Dans le premier numéro des *Temps modernes*, en 1945, il souligne l'intérêt de l'utilisation [2] des enquêtes et des reportages, comme un genre littéraire à part entière : « La capacité de saisir intuitivement et instantanément les significations, l'habileté à regrouper celles-ci pour offrir au lecteur des ensembles synthétiques immédiatement déchiffrables sont les qualités nécessaires au reporter ; ce sont celles que nous demanderons à nos collaborateurs. »

Le 7 février 1973, lors d'une émission de radio, il répète, à 67 ans, ce qu'il a dit mille fois :

---

1. *La Cérémonie des adieux*, suivi de *Entretiens avec Jean-Paul Sartre*, Gallimard, 1981, p. 215.

2. Dans ses entretiens avec Simone de Beauvoir, il note que le projet de la revue était de « montrer l'importance sur tous les plans des événements de la vie quotidienne, aussi bien que de la vie collective : diplomatique, politique, économique [...] ; l'idée principale était de marquer que tout dans la société apparaît avec de multiples facettes et que chacune de ces facettes exprime, à sa façon, mais complètement, un sens qui est le sens de l'événement. » Cf. *La Cérémonie des adieux*, *op. cit.*, p. 458.

ils sont devenus mous !

« Vous vivez au présent ? lui demande l'animateur.

– Oui, bien sûr, je suis l'homme du présent. Je ne rêve pas. Cela me rappelle un mauvais écrivain qui disait : "J'écris pour durer"... Pour lui, c'était merveilleux : J'écris pour être immortel ! Mais quelle absurdité. D'abord, on ne peut deviner qui restera et qui disparaîtra. Il faut agir sur le présent. Les grands hommes sont des gens comme Rousseau, qui vivait dans le présent, qui faisait des livres pour le présent, et non pas des gens qui écrivaient pour l'éternité [1]. »

Vivre dans le présent, dans l'urgence du fait à saisir, de l'événement à déchiffrer, de sa traduction à poser en mots, en actes, telle est la démarche de Sartre. Avec tous les risques inhérents à l'exercice : interprétation partielle ou incomplète, risque de manipulation, etc. Une sorte de « principe de Heisenberg » appliqué, pour faire image, à l'interprétation politique. Dans l'interprétation de l'actualité, il y a toujours, souvent, une faille entre le fait et son devenir rapide.

D'une certaine façon, Sartre fut « historien du présent » autant que philosophe, écrivain, et parfois journaliste – une séparation de genres qu'il récusait par ailleurs. Il s'agissait d'une vision assez ambitieuse du journalisme, faut-il l'ajouter ?

---

1. *Radioscopie*, Entretien avec Jacques Chancel, Robert Laffont, 1975.

Sartre, réveille-toi,

À la « lenteur des nuits », à la différence de Debray, Sartre aura donc préféré la vitesse des jours, avec tous les risques d'aveuglement possible. Mais la *Critique de la raison dialectique* n'est pas une petite « enquête » bâclée ! Pas plus que *L'Être et le Néant*, ou *L'Idiot de la famille.* Simplement, Sartre sait changer de rythme, sait jouer de la lenteur des nuits, en plein jour. De l'après-guerre il a fait son combat. Oh ! bien sûr, il n'est pas le seul à « combattre ». Il n'est pas le premier. Il n'a pas pris le maquis dans le Vercors. Sa célébrité, pas tout à fait celle qu'il souhaitait à 25 ans, est venue plus tard, *en plus*.

Sa mobilisation en 1939 aura été le début d'une « conversion » ; rien de religieux, un retour vers le monde ; le point d'orgue d'une crise. Sartre a commencé à penser autrement son destin. Devenir célèbre, oui, mais pas seulement sous la gloire des lauriers littéraires. Il lui faudra désormais être au milieu des hommes. Les *Carnets de la drôle de guerre*, publiés après sa mort, contiennent des pages d'auto-analyse radicale sur la morale qui a occupé ses années de jeunesse.

Dans le « Carnet III », écrit entre novembre et décembre 1939, Sartre distingue plusieurs périodes. L'une d'entre elles, qu'il découpe de 1921 à 1929, fut selon lui « une période d'optimisme », celle d'un jeune homme voué à la littérature : « Le vrai, c'est que je suis persuadé qu'il suffit de se consacrer à écrire, et que la vie se fera toute seule pendant ce temps-là. Et la vie qui doit se faire, elle est déjà prétracée dans ma tête : c'est la vie d'un grand écrivain, telle qu'elle paraît à travers les livres. Mais pour être un grand écrivain il n'est qu'un moyen : s'occuper exclusivement d'écrire. [...] Quant au contenu de cette vie, on l'imagine assez : il y avait de la solitude et du désespoir, des passions, des grandes entreprises, un grand temps d'obscurité douloureuse (mais je les raccourcissais sournoisement dans mes rêves, pour ne pas être trop vieux quand il prendrait fin) et puis la gloire, avec son cortège d'admirations et d'amour [1]. » Ses modèles ? Il nomme Liszt, Wagner, Stendhal. Pas Marx, ni Bakounine... Une jeunesse de « grand homme », qui souffre et dont la souffrance fermentera, justifiera la reconnaissance future.

Faire son salut par l'écriture ? Oui, mais sans illusions. Car peu importe si, au bout de tout, la gloire n'est qu'un leurre : « Pardieu, la vie était ratée puisqu'elle se terminait toujours par un échec. Seulement, il y avait le jour de gloire. Méprisable jour de gloire, bien entendu, puisqu'il se terminait en défaite. Mais enfin, il était là, comme un soleil

1. J.-P. Sartre, *Les Carnets de la drôle de guerre*, Gallimard, 1983, p. 96.

invisible qui me réchauffait le cœur[1]. » Pourtant la célébrité tardait à ouvrir ses bras. Sartre avait noté, à 22 ans, cette phrase d'un écrivain : « Celui qui n'est pas célèbre à vingt-huit ans doit renoncer pour toujours à la gloire. » Phrase absurde, commente-t-il en cet automne 1939, mais qui le plongeait « dans les transes ». Il avait trente-quatre ans.

Sa morale d'alors est, dit-il, une « morale de salut par l'art » ; Sartre l'abandonnera peu à peu dans ces années qui précèdent la guerre. Après l'École normale, il y aura son voyage à Berlin où il reconnaît n'avoir été qu'un spectateur, puis sa nomination comme professeur de philosophie au Havre ; la position de Sartre sur sa vie va évoluer vers la fin des années 1930, entre autres après le vertige de son amour pour O. : « Quant à O., ma passion pour elle brûla mes impuretés routinières comme une flamme de bec Bunsen. [...] Vers la même époque et justement à cause de cette passion, je commençai à douter du salut par l'art. L'art semblait bien vain en face de cette pureté cruelle, violente et nue. Une conversation où le Castor[2] me remontra la

---

1. *Ibid.*, p. 98.

2. *Ibid.*, p. 102. L'origine du « Castor » est rapportée dans *Les Mémoires d'une jeune fille rangée*. Le « Castor », c'est Simone de Beauvoir. Maheu, un ami de Sartre, et Nizan lui ont donné son surnom : « Beauvoir = Beaver. » « Vous êtes un Castor, dit Maheu. Les Castors vont en bande et ils ont l'esprit constructeur. »

saloperie de mon attitude acheva de me détourner de cette morale. »

L'été 1929, Sartre a été reçu à l'agrégation – il l'a ratée l'année précédente – en même temps que Paul Nizan et Simone de Beauvoir qui devient, à 21 ans, la plus jeune agrégée de philosophie de France.

On sait comment Simone de Beauvoir interprètera leur rencontre, qui fera des deux écrivains une sorte de couple modèle, de « couple idéal » – avec nombre de malentendus quant à la vérité de leur relation, soumise à des accords tacites. Dans *Tout compte fait*, publié en 1972, elle écrit : « Comment aurais-je évolué si je n'avais pas rencontré Sartre ? Me serais-je débarrassée plus tôt ou plus tard de mon individualisme, de l'idéalisme et du spiritualisme qui m'encombraient encore ? Je ne le sais pas. Le fait est que je l'ai rencontré et que ce fut l'événement capital de mon existence. »

Au fil du « Carnet XIV », daté de mars 1940, Sartre trace le portrait de l'homme qu'il est, dans cette « drôle de guerre » suspendue, où les hommes, tirés de leur sommeil de paix, vont être projetés dans un combat qu'ils ne désiraient pas et qui va les prendre sans qu'ils y puissent grand-chose. Ce passage, aux accents de *Confessions* à la Rousseau, est un étonnant portrait de l'intellectuel qu'il va vouloir devenir[1].

---

1. *Ibid.*, p. 355-356.

« Je suis certainement le produit monstrueux du capitalisme, du parlementarisme, de la centralisation et du fonctionnarisme. Ou, si l'on veut, ce sont là les situations premières par-delà quoi je me suis projeté. » Au capitalisme il doit, écrit-il, son isolement : séparé des « classes travailleuses », il n'est pas pour autant proche des « milieux qui dirigent la politique et l'économie ». À la centralisation française, il doit de n'avoir jamais connu « le monde agricole », de « haïr la province », et d'être happé par le mythe de « Paris-grande-ville ». Quant au fonctionnarisme, il dit lui devoir son « incompétence totale en matière d'argent, qui est certainement le dernier avatar de l'"intégrité" et du "désintéressement" d'une famille de fonctionnaires [1] ». Et il ajoute : « Je lui dois aussi l'idée de l'universalité de la Raison, car le fonctionnaire est, en France, la vestale du rationalisme. »

Toutes ces abstractions ont fait de lui « un être

1. Le grand-père maternel de Sartre, Charles Schweitzer, incarnation d'une lignée de pédagogues, de germanistes, de libres-penseurs marqua l'enfance du jeune « Poulou ». C'est l'archétype du patriarche : « Il ressemblait tant à Dieu le Père qu'on le prenait souvent pour lui », ironise Sartre dans *Les Mots*. La bibliothèque fournie, la geste grandiose du grand-père impressionnèrent l'enfant. Orphelin de père à onze mois, libre de tout ce poids symbolique, Sartre vivra, lové dans la famille maternelle, la légèreté d'une enfance sans contrainte, au moins jusqu'au remariage de sa mère.

abstrait et déraciné », froid même, peu doué de sensualité. Étonnante mise à nu ! C'est pourquoi, conclut Sartre, « Me voilà "en l'air", sans aucune attache, n'ayant connu ni l'union avec la terre par les travaux des champs, ni l'union avec une classe par la solidarité des intérêts, ni l'union avec le corps par le plaisir ». S'enraciner, être parmi les hommes, et rompre avec ce destin flottant, tel sera désormais le projet de Sartre, se livrant, à la fin de cet hiver 1940, à une mise au point impitoyable avec lui-même [1] :

« Je ne suis solidaire de rien, pas même de moi-même ; je n'ai besoin de personne ni de rien. Tel est le personnage que je me suis fait, au cours de trente-quatre ans de ma vie. Vraiment ce que les Nazis appellent "l'homme abstrait des ploutodémocraties" (*sic*). Je n'ai aucune sympathie pour ce personnage et je veux en changer. Ce que j'ai compris, c'est que la liberté n'est pas du tout le détachement stoïque des amours et des biens. Elle suppose au contraire *un enracinement profond dans*

1. *Les Carnets…*, *op. cit.*, p. 356. Nous soulignons. Dans une lettre du 13 janvier 1940, il écrit à Simone de Beauvoir : « Ça me frappe de voir comment "sous la pression" des événements une pensée historique s'est déclenchée en moi et ne s'arrête plus, en moi qui étais jusqu'à l'an dernier un petit tout en l'air, un petit abstrait, un Ariel. Finalement, je suis hanté non par le social mais par le milieu humain. » Cf. *Lettres au Castor, 1940-1943*, Gallimard, 1983, t. 2, p. 36.

le monde et on est libre par-delà cet enracinement, c'est par-delà la foule, la nation, la classe, les amis qu'on est seul. »

Telle est la recherche tâtonnante, exigeante, des causes d'une indifférence coupable à un monde qui a vu surgir irrésistiblement la « bête immonde » du fascisme des chaos de la Première Guerre mondiale. Mauvaise foi ? Que l'histoire tragique de ce « court XXe siècle », qui se cristallise à la fin des années 1930, rappelle Sartre à la réalité n'est pas sans fondement au regard de sa biographie. Sartre, prisonnier du culte du « grand-écrivain » pouvait-il se sortir si facilement de sa « bulle » anhistorique ? On ne refait pas l'histoire d'un homme. François Mitterrand, futur président de gauche, sembla hésiter lui aussi à choisir son chemin, s'en expliquant bien plus tard[1] !

Lucien Rebatet, Drieu la Rochelle, le Céline odieux de *Bagatelles pour un massacre* avaient, eux, choisi leur chemin avec de fortes convictions. Faut-il saluer leur précoce attachement à une vision du monde et saluer leur parti pris au côté des nazis ? Pour Sartre, il ne s'agit pas d'« erreurs de jeunesse » mais d'un débat intérieur dont seules la guerre et les années 1940 lui feront trancher le nœud gordien. Reste qu'avant, il y a le rôle et l'attitude de Sartre,

---

1. Cf. l'ouvrage de Pierre Péan, *Une jeunesse française*, Fayard, 1994.

« le planqué de l'Occupation [qui] a fait la théorie de l'engagement », comme le dit au détour d'un entretien Régis Debray [1].

Planqué, Sartre ? Sartre n'est pas Guy Môquet, foudroyé dans sa jeunesse héroïque, ni Jean Moulin, martyr de la résistance. Non, Sartre n'a pas pris les armes ! Peut-on cependant lui tailler le costume du « planqué » pendant la guerre ?

Parmi toutes les analyses de l'attitude sartrienne, consultons par exemple l'ouvrage de Francine de Martinoir [2], qui étudie le monde littéraire des années vichystes, et expose, entre autres, les critiques faites à Sartre pendant cette période. Ce livre-là, au moins, ne respire pas la haine. Examinons quelques point(e)s d'analyse.

Après son élargissement du stalag, le 2 avril 1941, Sartre est revenu à Paris. Ce n'est plus tout à fait un inconnu dans le milieu littéraire. La publication de *La Nausée* en mars 1938, puis de son recueil de nouvelles, *Le Mur*, à la veille de la guerre l'a placé, pour ceux qui l'ont découvert, parmi les nouveaux écrivains qui comptent.

Que dit Francine de Martinoir ? Au stalag, Sartre « est très discret sur ses options politiques ». Faut-il

---

1. *Libération* du 2 novembre 2004.

2. Francine de Martinoir, *La Littérature occupée. Les années de guerre 1939-1945*, Hatier, 1995.

comprendre qu'il n'en a pas ; qu'il en a de mauvaises, qu'il n'ose pas les avouer ? L'énonciation est ambiguë. Question de Francine de Martinoir à propos d'une piécette de théâtre [*Bariona*] et de sketches que Sartre a écrits au stalag : « Est-il vrai qu'il ait manifesté dans ces textes un certain antisémitisme fort en honneur alors chez les soldats, comme ailleurs dans la France profonde ? » La question, peu anodine, mérite d'être posée quand « la France profonde » est à l'unisson de Sartre… Entendons la réponse de l'auteur : « C'est possible. » Est-ce une réponse dubitative ? Une accusation déguisée ? Le « possible » renvoie à quels témoignages ? Ce « possible » qui insinue, que doit en penser le lecteur qui ne sait rien des sources accusatrices ? Relisez *Réflexions sur la question juive*.

Puis l'auteur rappelle que le Statut des juifs a déjà été promulgué, que les persécutions ont commencé, et la Résistance aussi… Que fait Sartre ? questionne Francine de Martinoir. Il va « reprendre sa vie d'avant-guerre, chez sa mère, avec Simone de Beauvoir… avec Olga K., Bianca Biennenfeld. Sa vie de professeur au lycée Pasteur recommence. Et il songe à sa carrière littéraire, rend visite à Paulhan ».

Que peut-on déduire de ce passage ? Que Sartre est retourné chez sa maman ; qu'il ne s'inquiète pas du destin tragique des juifs ; que Paris occupé n'est pour lui qu'un terrain où creuser les sillons de sa future gloire. Continuons.

Paulhan recommande Sartre à *Comoedia*, « un journal qui a donné ses gages à la collaboration [1] ». Lesquels, ce n'est pas précisé. « Était-il compromettant d'écrire dans ses colonnes ? » Réponse : « Peut-être pas. » Forte analyse !

Sartre est-il donc sauvé de l'opprobre ? Non pas. Car « il fallait remplir un questionnaire, indiquer sa religion, sa race – Aryen ou non –, donner l'état-civil de ses parents et grands-parents ». Le fit-il [2] ?

---

1. Francis Jeanson donne une autre version de l'épisode *Comoedia* : Sartre « accepte de tenir la chronique littéraire de *Comoedia*, qui lui est présenté par son nouveau directeur comme échappant à tout contrôle allemand. Il y publiera une critique enthousiaste de *Moby Dick*... (*sic*) et il s'en tiendra là : d'une part en effet, l'indépendance de cet hebdomadaire ne tarde pas à lui apparaître douteuse ; d'autre part les intellectuels résistants viennent de s'imposer comme règle de ne pas écrire pour les journaux de la zone occupée. » Cf. F. Jeanson, *Sartre dans sa vie*, Le Seuil, 1974.

2. Simone de Beauvoir, qui est alors « désorientée par la raideur de son moralisme », note dans *La Force de l'âge* une discussion avec Sartre tout de suite après sa libération du stalag où il lui reproche d'avoir « eu tort de signer le papier affirmant que je n'étais ni franc-maçonne ni juive. [...] Ce premier soir, il [Sartre] me surprit encore d'une autre manière ; s'il était revenu à Paris, ce n'était pas pour jouir des douceurs de la liberté, mais pour agir. Comment, lui demandai-je abasourdie : on était tellement isolés, tellement impuissants ! Justement, me dit-il, il faut préciser cet isolement, s'unir, organiser la résistance ».

Dans quelles conditions ? D'autres alors ont-ils fourni les mêmes renseignements ?

Dans le premier numéro, en juin 1941, note Francine de Martinoir, « figurent les noms de Jean-Louis Barrault, Honegger, Audiberti, Valéry, Carné ainsi qu'un article antisémite sur Fernand Nathan ». L'énoncé logique des noms et la chute – l'article antisémite – ne manipuleraient-ils pas le jugement du lecteur ? Carné n'est certes pas l'archétype du communiste mais Valéry se serait-il compromis ?

Bref, écrire un article dans ce journal n'est pas très propre : c'est ce que l'on doit comprendre, n'est-ce pas ? Pas tout à fait, corrige Francine de Martinoir : « Un article dans ce journal ne signifiait pas forcément une collaboration avec l'ennemi, on le verra pour un résistant comme Paulhan. » Au contraire, car, comme elle l'ajoute : « Le double jeu, la contrebande étaient autant de modalités différentes de la lutte. À condition d'agir dans l'ombre. » Sartre serait-il repêché ? On va voir que non.

Pourtant, la suite commence presque bien : « Sartre va s'agiter (*sic*) durant quelque temps. Il veut fonder son petit groupe (*resic*), "Socialisme et Liberté" », où l'on trouve entre autres le nom de Merleau-Ponty – un égaré sans doute –, le futur cofondateur des *Temps modernes* en 1945. Sartre chercherait-il à « agir dans l'ombre » ? Que font-ils ? « Des réunions, des tracts réalisés sur une ronéo, des serviettes oubliées au café : on joue à se faire peur. » Commentaire de Francine de Martinoir : « Les nazis peuvent être rassurés, ce n'est pas "Socialisme et Liberté" qui délivrera la France. » Admettons un instant que les intellectuels du groupe n'avaient pas vraiment le profil type du « résistant » qui œuvrerait bientôt, cela pouvait-il être *un jeu*, pour ses acteurs même amateurs, que de songer à fonder un groupe de résistance en 1941 ? À cette époque, la Résistance est seulement en train de se constituer, rien de massif on le sait, rien de véritablement organisé sur le plan national. Voyons la suite.

À la recherche d'aide pour leur réseau, à l'été 1941, Sartre et Beauvoir descendent vers le Sud « en quête de nourriture meilleure », souligne lourdement Francine de Martinoir, et, « pour ce réseau plus ou moins imaginaire », prennent des contacts. « Ceux qui vont vraiment avoir une action dans la Résistance ou qui ont déjà commencé à en avoir se méfient du philosophe [...] [1] », tels Pierre Kaan ou Daniel Mayer que Sartre et Beauvoir rencontrent en zone libre. Pourquoi se méfient-ils ? Pas de précisions. J'en donnerai plus loin.

Daniel Mayer n'est pas n'importe qui au sein de la défunte SFIO, dont les députés issus du Front

1. *La Littérature occupée...*, *op. cit.*, p. 137.

populaire ont voté les pleins pouvoirs à Pétain. Il a créé, en mars 1941, en zone Sud le « Comité d'action socialiste » avec huit autres militants. Ce même mois est créé le « Front national », mouvement de résistance qui ne ressemble en rien au parti de Le Pen – les communistes y sont majoritaires. À ce moment-là, peu de militants de la vieille SFIO sont en mesure d'agir : « En tout, écrit Jacques Kergoat, un analyste de l'histoire du parti socialiste, on peut considérer alors que ce sont environ 2 000 militants socialistes – à peine plus de 1 % des effectifs de 1939 – qui sont touchés, répartis sur le quart des départements [1]. » Il faudra attendre mars 1943 [2], et la transformation du Comité d'action socialiste en Parti socialiste pour que la mobilisation soit conséquente.

La Résistance, on le sait, ne s'est pas structurée en un jour, et ses opérations ne sont pas encore significatives. Faut-il faire le reproche à Sartre, dans ce contexte, de son début de résistance ? Non,

---

1. Cf. Jacques Kergoat, *Le Parti socialiste, de la Commune à nos jours*, Le Sycomore, 1983, p. 154.

2. Un rapport du 14 décembre 1942 avance, pour les 31 départements de la zone Sud, 11 239 membres (14,9 % d'avant-guerre). Le 8 mai 1943, Daniel Mayer parle de 38 000 à 40 000 membres. *Le Populaire* annonce 60 000 membres. Ces militants rejoindront les mouvements qui se constituent dans les deux zones. Cf. Jacques Kergoat, *op. cit.*, p. 155.

si l'on en croit Francine de Martinoir qui rapporte aussi la fameuse visite de Sartre à deux écrivains célèbres : « Gide et Malraux sont, en cet été 1941, aussi peu désireux de résister que la plupart des Français », dit-elle. Tiens donc... De la visite à Gide, il ne sort rien, sinon qu'il trouve que « les idées de Sartre étaient des plus subversives ». Quant à Malraux, sa position est... attentiste : il attend les avions américains. « Il ne croit pas à la Résistance française, mais compte sur ces engins venus d'outre-Atlantique et sur les tanks russes[1]. » Attentiste, Malraux ? ou prudent ? Son livre *L'Espoir* a été mis « à l'index » par la censure allemande comme ceux d'autres écrivains indésirables.

Faisons le bilan de la démonstration : Sartre essaie de monter un « réseau » ; la Résistance n'en est qu'à ses prémices ; les intellectuels célèbres visités s'esquivent ; « la plupart des Français sont peu désireux de résister ». Tirons la conclusion : à 36 ans, Sartre n'est pas devenu un chef éminent de la Résistance. En avait-il vraiment le profil ? Si l'on en juge par sa « situation » d'avant-guerre et par ses ruminations-confessions dans ses *Carnets de la drôle de guerre*, certes non.

Mais s'il est vrai qu'à l'aune de l'action d'un

1. *La Littérature occupée*, *op. cit.*, p. 137.

Jean Cavaillès[1] pendant la guerre, celle de Sartre peut paraître inaboutie, cela ne fait pas de l'auteur de *L'Être et le Néant* un déserteur ! Sartre s'est « engagé », avec ses propres armes : les mots. Faut-il s'en gausser, quand d'autres utilisèrent les mots pour dénoncer leurs voisins de palier juifs et s'approprier leurs meubles ?

Revenons brièvement à la naissance du groupe « Socialisme et Liberté » et à sa dissolution.

Élargi du stalag, Sartre se mobilise. Son retour à la vie civile est le début d'un combat. Simone de Beauvoir et « la famille » sont frappées par la mutation. Annie Cohen-Solal, dans la très complète biographie de l'écrivain, a longuement évoqué ce passage décisif[2].

« Revenu à Paris après neuf mois de captivité, dira Sartre au début des années 1970, je cherchais – encore convaincu des pouvoirs souverains de l'individu – à constituer un groupe de résistance dont le nom "socialisme et liberté" marquait assez

---

1. Sartre, en fait, eut des contacts avec le groupe la « Deuxième colonne », fondé par Cavaillès qu'il rencontra. De deux ans l'aîné de Sartre, agrégé de philosophie comme lui, il participera très tôt au mouvement de résistance « Libération », animé entre autres par Emmanuel d'Astier de la Vigerie. Jean Cavaillès fut arrêté par les Allemands en août 1943, puis condamné à mort et exécuté cinq mois plus tard.

2. Cf. Annie Cohen-Solal, *Sartre. 1905-1980*, Gallimard, 1985, p. 299-317.

le souci principal [1]. » Au début, ils ne sont pas même une dizaine. La première réunion du groupe a lieu dans une chambre d'hôtel à Montparnasse.

Organiser des attentats ? Non, mais fédérer les opposants au nazisme, recueillir des renseignements, diffuser des tracts. Et inventer l'avenir, réfléchir aux contenus d'une démocratie qui concilierait le « socialisme et la liberté ». Peu à peu le groupe s'élargit. S'y retrouvent des marxistes et des non-marxistes, des élèves de Merleau-Ponty à l'École normale supérieure, des agrégatifs de philosophie, dont Jean-Toussaint Desanti et sa femme Dominique, étudiante en histoire à la Sorbonne, des anciens élèves de Sartre, tels que Jean Kanapa – que Sartre traitera de « crétin » plus tard –, Raoul Lévy. Dans les caves de Normale Sup', une vieille ronéo sert à tirer les tracts, à peu près en sécurité.

En juin 1941, ils sont une cinquantaine à se partager l'écriture des textes, le collage des affiches. Les débats sont parfois animés : « Marrot est anarchiste, Merleau-Ponty déjà marxiste, Sartre est proudhonien et résolument anticommuniste, Rigal est trotskiste. » Avec Sartre, le débat reste toujours ouvert. Son attitude, fixée là, sera celle d'un critique du marxisme sclérosé mais pas celle d'un anticommuniste primaire ; c'est à l'aune de sa

1. Cf. J.-P. Sartre, P. Gavi, P. Victor, *On a raison de se révolter*, Gallimard, 1974, p. 24.

politique, de son action réelle, qu'il jugera et critiquera ou accompagnera le parti communiste pendant les quatre décennies suivantes.

Débuts difficiles. Sartre a rappelé à plusieurs reprises la méfiance des communistes, le mot est faible, face aux tentatives du groupe pour tenter un rapprochement avec eux. On leur fit savoir la réponse éloquente des instances du PC, quand des intellectuels du parti tentèrent de servir de médiateurs : « Pas question de travailler avec eux : Sartre a été libéré par les nazis pour se glisser dans les milieux résistants, et les espionner au profit des Allemands [1]. » L'heure n'est pas au dialogue, c'est le moins qu'on puisse dire.

Certains membres du groupe réfléchissent pourtant à une action plus radicale que la diffusion de tracts. Faut-il faire sauter, si l'occasion se présente, un train de munitions allemand ? Commettre un attentat contre la librairie allemande sur le boulevard Saint-Michel ? Distribuer des tracts aux militaires allemands, un Allemand n'étant pas forcément un nazi ? En juin 1941, « Socialisme et Liberté » existe, mais son activité est isolée des autres mouvements de résistance qui commencent à se consolider. L'occupant prend néanmoins la mesure de l'opposition qui se constitue. Le 21 août, un officier allemand est abattu au métro Barbès. Les

1. *Ibid.*, p. 25.

représailles vont frapper les juifs et les communistes ; Vichy invente des décrets-lois rétroactifs. Dix otages sont exécutés à Paris ; en octobre, quatre-vingt-dix-huit autres sont fusillés, dont vingt-sept à Châteaubriant. Avec l'entrée en guerre de l'URSS, la donne a changé ; les communistes libérés du compromettant pacte germano-soviétique s'organisent. Les tensions dans le groupe, la faiblesse de la logistique, enfin la répression, brisent peu à peu la dynamique. « Nous n'étions pas des maquisards à Paris, dit plus tard Jean Pouillon, juste un groupe d'amis d'accord entre eux pour être antinazis, et pour le communiquer anonymement aux autres. D'ailleurs, au moment où les groupes de résistance commençaient à se structurer, un groupe comme le nôtre, isolé, sans contact extérieur, ne pouvait pas tenir le coup. »

Sartre et ses amis vont prendre acte des limites de leurs forces. Certains passeront en zone Sud, s'intégreront à des groupes de résistants, adhéreront au PC. Sartre expliquera à maintes reprises son état d'esprit d'alors ; la défiance des communistes [1] « nous écœura et nous fit mesurer notre impuissance. Nous nous dissolûmes peu après, non sans

---

1. Les communistes, notera Simone de Beauvoir, « élevèrent entre eux et nous une barrière impossible à franchir. La solitude à laquelle nous nous vîmes condamnés abattit notre zèle et il y eut parmi nous d'assez nombreuses défections ».

que l'une d'entre nous fût arrêtée par les Allemands ; elle mourut en déportation. Dégoûté, je restai dix-huit mois sans rien faire, professeur au lycée Condorcet[1]. »

Les tentatives résistantes de Sartre et de ses amis méritent-elles tant de sarcasmes ? N'y a-t-il aucune différence entre, d'une part, « collaborer », prêter sa plume aux occupants, soutenir la « révolution nationale » vichyste, rafler les juifs au Vél' d'hiv', attendre, un bandeau sur les yeux, et, d'autre part, *tenter* de « faire quelque chose » ? La République, c'est vrai, regarde alors le désastre les yeux bandés.

Sartre a tiré les leçons de « Socialisme et Liberté » : il lui faut agir avec ses propres armes. Ses projets d'écriture reviennent au premier plan. Il peaufine *L'Être et le Néant*, déjà longuement médité. Et il écrit *Les Mouches* et *Huis clos* – ce dernier en une quinzaine de jours à l'automne 1943 –, qui vont contribuer à sa gloire, après la guerre, sur la scène intellectuelle, mais aussi fournir une riche matière à ses détracteurs.

Le 3 juin 1943 a lieu au théâtre de la Cité la générale des *Mouches*, sa première pièce représentée à Paris, qui est mise en scène par Charles Dullin. La

1. *On a raison de se révolter*, *op. cit.*, p. 25.

source de la pièce en trois actes est connue. Brièvement résumée, c'est l'histoire mythique de la ville d'Argos : après avoir assassiné Agamemnon, Égisthe s'est emparé de son trône et a épousé sa veuve, Clytemnestre, mère d'Oreste et d'Électre. Un régime de terreur règne sur la ville. Oreste, qui a échappé au massacre consécutif à l'assassinat de son père, revient quinze ans plus tard à Argos. À son arrivée dans la ville, des mouches bourdonnent dans l'air. Symboliquement, elles signifient les remords qui doivent accabler les habitants d'Argos, vêtus de noir en signe de deuil. Électre, la sœur d'Oreste, confie à son frère, qui ne s'est pas fait reconnaître d'elle, sa haine de l'usurpateur. Oreste finit par assassiner Égisthe et Clytemnestre. Mais Électre prenant en horreur son acte, il doit s'enfuir, seul, persécuté par les Érinyes, ces divinités qui poursuivent les assassins.

Symbole de la révolte, Oreste offre une figure d'homme libre qui s'oppose par son discours et ses actes à la tyrannie. Son acte manifeste sa liberté conquise, et illustre les tourments de tout pouvoir oppresseur. « Le secret douloureux des dieux et des rois, dit Jupiter à Égisthe, c'est que les hommes sont libres. Ils sont libres, Égisthe. Tu le sais, et ils ne le savent pas. » Dans cette France occupée depuis deux ans, voilà qui n'est pas insignifiant. En 1944, dans une interview, Sartre donne des précisions sur la forme qu'il a choisie pour sa pièce : « Pourquoi faire déclamer des Grecs... si ce n'est pour déguiser sa pensée sous un régime fasciste ? Le véritable drame, celui que j'aurais voulu écrire, c'est celui du terroriste qui, en descendant des Allemands dans la rue, déclenche l'exécution de cinquante otages [1]. »

Si la générale des *Mouches* fut agitée, la salle ne déborda pas de spectateurs et eut peu de représentations, une quarantaine pendant la saison. Et passa presque inaperçue. Michel Leiris salua sous un pseudonyme, dans les *Lettres françaises* clandestines, « une grande leçon de morale », mettant l'accent sur l'acte d'Oreste « accompli librement » ; acte qui a « brisé le cercle fatal, frayé la voie qui mène du règne de la nécessité à celui de la liberté ». André Castelot, dans *La Gerbe*, magazine collabo, n'apprécia pas la pièce, qui lui inspira du dégoût, et il insiste sur « la prédilection pour l'abject » de l'auteur. Dans *Les Nouveaux Temps*, Armory maugréa : « Sartre n'a pris dans les malheurs des Atrides que le prétexte de fouailler une humanité qu'il déteste, se complaisant dans un péjorativisme négatif (*sic*), en étalant tout ce qu'il y a de peu ragoûtant en notre triste monde. » Ce triste monde... Dans le registre des *Nouveaux Temps*, ce n'était aucunement une allusion, même

---

1. *Carrefour*, 9 septembre 1944, cité par Francis Jeanson, *op. cit.*, p. 141.

feutrée, à l'Occupation ! Ce fut donc un éreintage, se souvint pour sa part Charles Dullin.

En 1951, Sartre replaça, dans un entretien, sa tentative dans le contexte de l'époque : « Nous étions en 1943 et Vichy voulait nous enfoncer dans le repentir et la honte. En écrivant *Les Mouches* j'ai essayé, par mes seuls moyens, d'extirper quelque peu cette maladie du repentir, cet abandon à la honte qu'on sollicitait de nous [1]. » La pièce – un « classique » un demi-siècle après – marque l'acte *intentionnel* de résistance public de Sartre ; elle manifeste son approfondissement des thèmes de la liberté et de la responsabilité, et constitue une nouvelle manifestation de sa « conversion » vers le monde. À travers « l'attitude d'Oreste, c'est la totalité des problèmes sartriens qu'on voit surgir », écrit Francis Jeanson [2]. Particulièrement celui de

1. *La Croix*, 20 janvier 1951, cité par Francis Jeanson, *op. cit.*, p. 140. Dans le prière d'insérer de la pièce, publiée en avril 1943, Sartre écrit : « Oreste est libre pour le crime et par-delà le crime ; je l'ai montré en proie à la liberté comme Œdipe est en proie à son destin. » Dans cette « tragédie de la liberté », Oreste tue, « il charge son meurtre sur ses épaules » et choisit son chemin quoi qu'il en coûte : « Car la liberté n'est pas je ne sais quel pouvoir abstrait de survoler la condition humaine : c'est l'engagement le plus absurde et le plus inexorable. Oreste poursuivra son chemin, injustifiable, sans excuse, seul. Comme un héros, comme n'importe qui. »

2. Cf. Francis Jeanson, *Sartre*, coll. « Écrivains de toujours », Le Seuil, 1974.

l'engagement, de ses niveaux. Et une affirmation que Sartre résumera en une formule : « Les hommes ne sont impuissants que lorsqu'ils admettent qu'ils le sont. »

Huis clos, la deuxième pièce de Sartre, approfondit cette exploration de la liberté humaine, développée à la même époque dans *L'Être et le Néant*.

La création de *Huis clos* a lieu le 27 mai 1944, au théâtre du Vieux-Colombier, dans une mise en scène de Raymond Rouleau. Une mise en scène que Sartre avait d'abord proposée à Albert Camus, qui devait y jouer le rôle de Garcin.

Sartre, cette fois, travaille mieux la forme. La leçon des *Mouches* a porté ses fruits. « Dullin, dit Sartre, qui m'avait reproché mon dialogue verbeux [...], me fit comprendre, en s'adressant aux seuls acteurs, qu'une pièce de théâtre doit être exactement le contraire d'une orgie d'éloquence ; c'est-à-dire : le plus petit nombre de mots accolés ensemble, irrésistiblement, par une action irréversible et une passion sans repos [1]. » Sartre maîtrise le style d'une exposition tranchante qui donne à la pièce en un acte sa tonalité dramatique caractéristique.

---

1. Cf. *Sartre, Un théâtre de situations*, textes choisis et présentés par Michel Contat et Michel Rybalka, Coll. « Idées », Gallimard, 1973, p. 227.

ils sont devenus mous !

L'action se déroule en enfer. Inès, Estelle et Garcin vont mener un dialogue improbable : les jeux sont faits ; les dés jetés d'une vie ne rouleront plus. « La mort transforme la vie en destin » : cette formule de Malraux est ici mise en perspective, selon l'angle sartrien. Dans cet enfer, il ne se trouve pas d'instruments de torture. Les protagonistes sont les instruments de torture de tous et de chacun. Ils sont morts et doivent désormais « vivre » avec l'image qu'ils ont laissée d'eux parmi les vivants. Ayant fui leur liberté sur terre, ils n'étaient déjà là que des morts-vivants. L'enfer de Sartre n'est pavé ni de bonnes ni de mauvaises intentions. Le diable en est absent, et Dieu est (déjà) une hypothèse inutile.

Garcin le pacifiste n'a pas eu le courage d'aller jusqu'au bout de son choix, et s'est enfui quand il lui fallait mettre ses actes en accord avec ses principes ; Inès, une lesbienne, a été tuée par son amie qui s'est ensuite suicidée ; Estelle, infanticide, a provoqué le suicide de son amant. Chacun de ces personnages représente une « situation limite » ; leurs morts violentes reflètent leurs vies. Face à leur passé, tour à tour bourreaux et victimes les uns des autres, ils ne pourront nouer aucune relation authentique. Garcin, au début de la pièce, devine le sens de la condamnation : « Très bien. Il faut vivre les yeux ouverts », dit-il. Bien vu, mais trop tard. Les « autres », qui sont restés sur Terre, savent ce qu'il fut : un lâche. Il ne peut rien y faire, il est jugé, tout comme Inès et Estelle. Ils ne sont « rien d'autre que leur vie » ; les vivants les tiennent pour ce qu'ils ont été : « Je leur ai laissé ma vie entre leurs mains », dit Garcin qui s'interroge : « Peut-on juger une vie sur un seul acte ? » La réponse est oui ; car, si seul un acte peut « corriger » un autre acte, ce privilège est réservé aux vivants, ces « autres » formant le tribunal. Et « l'enfer c'est les autres ». Cette réplique fit couler beaucoup d'encre, si bien que Sartre se résolut, face aux malentendus, à l'expliquer dans une préface, en 1965. En voici un extrait : « On a cru que je voulais dire par là que nos rapports avec les autres étaient toujours empoisonnés, explique Sartre, que c'étaient toujours des rapports infernaux. Or c'est tout autre chose que je veux dire. [...] Si les rapports sont tordus, viciés, alors l'autre ne peut être que l'enfer. » Pourquoi ? poursuit Sartre. « Parce que les autres sont au fond ce qu'il y a de plus important en nous-mêmes pour notre propre connaissance de nous-mêmes. [...] Quand nous essayons de nous connaître, au fond, nous usons de connaissances que les autres ont déjà sur nous. Nous nous jugeons avec les moyens que les autres ont, nous ont donnés de nous juger. [...] Ce qui veut dire que, si mes rapports sont mauvais, je me mets dans la totale dépendance d'autrui. Et alors, en effet, je suis en enfer. Et il existe une quantité de gens dans le monde qui sont en enfer parce qu'ils dépendent trop du jugement d'autrui. Mais cela ne veut nullement dire qu'on ne puisse avoir d'autres rapports avec les autres. Ça marque simplement l'importance capitale de tous les autres pour chacun de nous [1]. »

Cette pièce, où est abordé, entre autres, le thème de la « mauvaise foi », est aussi celle où Sartre construit sa conception de la liberté. « Les personnages de *Huis clos*, écrit Francis Jeanson, se sont coupés du monde humain et livrés sans recours au jugement des autres libertés, *dans la mesure même où leur propre liberté ne les a jamais reconnus comme telles* [2]. » C'est pourquoi les morts de *Huis clos* ressemblent étrangement aux vivants, ou plutôt à ces morts-vivants qui fuient leur vie, qui n'ont pas osé être, ou plutôt « exister », aller jusqu'au bout de leurs choix. C'est de la condition humaine qu'il est question ici, tissée de nos actes, retissée par la mort, puisqu'« on meurt toujours trop tôt » ; le dernier acte ne peut être celui d'un rachat. Pas de rédemption dans ce monde ni dans l'autre – qui n'existe pas pour Sartre. La liberté fonde l'homme qui, par ses

---

1. Préface de Sartre pour l'édition sur disque de *Huis clos*, dont des extraits ont été reproduits dans *L'Express* du 11-17 octobre 1965, cité dans *Un théâtre de situations*, *op. cit.*, p. 238.

2. Cf. F. Jeanson, *Sartre*, *op. cit.*, p. 26.

actes, la refonde à chaque instant, pour lui et pour les autres.

Huis clos, à la différence des *Mouches*, suscita une forte critique. La presse inféodée à la collaboration condamna son immoralisme. La polémique enfla. Et le nom de l'auteur, en cette veille de Libération, commença à s'imposer au-delà du cercle littéraire, suscitant bientôt autant d'intérêt que de haine. Claude Jamet, dans *Germinal*, loua la pièce : « Jean-Paul Sartre est certainement depuis Anouilh le plus grand événement du jeune théâtre français [1]. »

À la veille de la Libération, Sartre est sorti de son rôle « d'homme abstrait ». Ses publications d'avant-guerre, la parution de *L'Être et le Néant*, lu seulement certes par quelques-uns, sa résistance qui n'a pas fait de lui un capitaine de guerre mais un « écrivain qui résiste » ont peu à peu dessiné un autre rapport entre lui et le monde. Le mythe du « grand homme » s'estompe, mais il est évident que Sartre veut marquer sa place dans la « république des lettres ». Une étrange république dont il ne reconnaît plus les codes.

---

1. Jouée à New York à partir du 26 novembre 1946, et représentée une trentaine de fois sous le titre *No exit*, la pièce reçut le prix de la meilleure œuvre étrangère en 1947.

III

1945 : Sartre se présente

« Nous voici à présent au bord d'une autre République : ne peut-on souhaiter qu'elle conserve au grand jour les austères vertus de la République du Silence et de la Nuit. »

Jean-Paul SARTRE,
Lettres françaises, 1944.

« Je rappelle, en effet, que dans la "littérature engagée", l'engagement ne doit en aucun cas faire oublier la littérature et que notre préoccupation doit être de servir la littérature en lui infusant un sang nouveau, tout autant que de servir la collectivité en essayant de lui donner la littérature qui lui convient. »

Jean-Paul SARTRE,
Présentation des Temps modernes,
1er octobre 1945.

1945. L'Europe est en ruine. Les démocraties, qui n'ont pas pris la mesure de la menace fasciste et ont abandonné les républicains espagnols à leur résistible défaite, cherchent une nouvelle voie. La marque d'Auschwitz, blessure irrémédiable infligée aux juifs et à toute l'espèce humaine, n'est pas encore inscrite dans les mémoires. La France est à genoux. « L'économie française est comparable à une machine bardée de freins et dépourvue de moteur », écrit Raymond Aron dans le premier numéro d'une nouvelle revue, *Les Temps modernes*.

En ces lendemains de déroute et de victoire, si la Résistance a sauvé l'honneur d'un pays d'abord tétanisé par la défaite militaire et la capitulation pétainiste, politiquement, idéologiquement, tout est à refaire. Il s'agit de reconstruire des villes, mais aussi de dessiner les contours d'un monde pacifié afin que jamais ne reviennent terreur et destruction.

L'auteur de *La Nausée* et ses amis – philosophes, écrivains, journalistes – cherchent à faire entendre leur voix pour dire le passé récent d'un demi-

XXe siècle et imaginer l'avenir : « On passe de la paix à la guerre, en notre siècle, par un jeu continu de dégradés, écrit Sartre. Il va falloir, dans l'hypothèse la plus optimiste, refaire ce chemin en sens inverse. Aujourd'hui, 20 août 1945, dans ce Paris désert et affamé, la guerre a pris fin, la paix n'a pas commencé. » Et déjà nombre d'espoirs s'effacent.

La guerre a été effroyable, la paix est maussade. La reconstruction ne se fera pas en un jour, mêlant les vieux matériaux d'avant-guerre à quelques fournitures indispensables venues d'outre-Atlantique ; le plan Marshall, proposé par les vainqueurs, qui va bientôt aider l'Europe à se relever, et que l'URSS déclinera, annonce déjà qu'une autre guerre se prépare. L'Europe, construction nécessaire pour assurer la paix, sera mise en place, aussi, pour faire contre-poids à l'Union soviétique. Le « rideau de fer » va tomber ; comme bientôt vont se faire sentir les premiers craquements dans le glacis soviétique. Le « monde libre » qui craint les frimas s'inquiète des vents d'est communistes.

La guerre froide peut bientôt commencer.

L'écrivain Jean Cassou, antifasciste, qui a vécu les moments d'espoir de l'après-guerre, s'interroge dans les années 1950 sur les échecs de la Libération : « Comment expliquer, en effet, que dans la France née de la Libération, rien ne subsiste plus de l'esprit de la Résistance ? Comment expliquer que le nouveau régime ne soit pas sorti des espoirs médités et débattus de la Résistance, de ses groupements, de ses institutions, de ses troupes, de son programme, de tout l'effort par quoi elle tentait de reformer une conscience civique[1] ? »

Cette déception incrédule, on la retrouve, vers la même époque, chez Emmanuel d'Astier de la Vigerie, un résistant de la première heure : « J'étais assez désespéré de voir que la Résistance ne jouait pas en France le rôle que j'avais rêvé. Je considérais que le rideau tombait sur notre grande aventure, sur le programme du Conseil national de la Résistance, que nous redevenions un État strictement bourgeois, assez conservateur[2]. »

C'est dans ce contexte, après une demi-épuration, alors que se forge la construction gaullienne d'une France combattante dressée contre l'oppresseur, que Sartre et ses amis tentent de poursuivre ce qu'ils ont entrepris, avec leurs moyens, pendant la guerre. S'engager au parti communiste était peu imaginable, compte tenu des relations du groupe sartrien pendant la guerre. L'idée d'une revue, d'une tribune, s'impose alors à Sartre qui ne se

1. Cité par Michel Surya, in *La Révolution rêvée. Pour une histoire des intellectuels et des œuvres révolutionnaires. 1944-1956*, Fayard, 2004, p. 79, et Jean Cassou, *La Mémoire courte*, Minuit, 1953, rééd. *Mille et Une nuits*, 2001, p. 68.

2. *Cf.* Michel Surya, *op. cit.*, p. 79.

satisfait pas de l'ordre ancien, et qui, comme on l'a vu, surgit des années de guerre avec de nouvelles exigences politiques et idéologiques ; Gaston Gallimard acceptera de l'éditer.

Les querelles politiques, plus ou moins mises sous le boisseau, pendant la Résistance, reprennent leur élan alors qu'un « grand chambardement » semble encore envisageable sur les ruines d'un régime détesté.

« Les plus importantes de ces disputes, écrit Simone de Beauvoir, dans le numéro des *Temps modernes* publié à l'occasion du quarantième anniversaire de la revue, en 1985, furent celles qui nous opposèrent aux communistes : l'unité de la Résistance avait volé en éclats. En fait, la philosophie de Sartre – du moins à ses débuts – ne contredisait pas radicalement la doctrine marxiste. Il souhaitait les échanges. Les communistes s'y refusèrent. Ils préférèrent reprendre à leur compte les insultes de la droite : chantre de la boue, philosophe du néant et du désespoir. Sartre espérait encore en 1945-1946 modifier cette situation ; il se trompait [1]. »

Certes, on n'en est plus au temps, tout proche, où Sartre était considéré comme un espion à la solde des Allemands. D'ailleurs, pendant l'Occupation, quelque dix-huit mois après la fin de « Socialisme et Liberté », Sartre avait été contacté par d'anciens

1. Cf. *Les Temps modernes*, octobre 1985, p. 352.

amis communistes qui lui proposèrent d'entrer au Comité national des écrivains qui fabriquait dans la clandestinité les *Lettres françaises*, dirigées par Jean Paulhan. Au début 1943 avait commencé pour Sartre sa « première entreprise commune avec le PC ». Elle fut de courte durée.

La fête de la Libération éteinte, la presse communiste, les *Lettres françaises*, *Action* attaquèrent Sartre. Le succès de *L'Être et le Néant*, sorti de la confidentialité de sa parution, déplaisait au Parti. Un des dirigeants du PCF reprocha au philosophe de freiner le mouvement qui entraînait les jeunes intellectuels vers le Parti. Ce fut un moment de véritable confusion, expliqua Sartre : « C'était l'époque où je pouvais tirer les conclusions de ce que m'avait appris la Résistance qui, comme chacun sait, avait viré de plus en plus à gauche, et qui, en ce moment même, commençait à être démantelée par de Gaulle. Pour ma part, j'étais devenu socialiste convaincu, mais anti-hiérarchique – et libertaire –, c'est-à-dire pour la démocratie directe. Je savais bien que mes objectifs n'étaient pas ceux du PC, mais je pensais que nous aurions pu faire un bout de chemin ensemble. Cette rupture brusque me déconcerta profondément [1]. » C'est à ce moment

1. Cf. Sartre, Gavi, Victor, *On a raison de se révolter*, Gallimard, 1974, p. 26.

charnière, personnel et politique, que Sartre lance *Les Temps modernes*.

La revue, Michel Leiris voulait l'appeler *Le Grabuge*, « mais nous voulions construire autant que déranger, note Simone de Beauvoir, alors, ce nom, on ne l'adopta pas ». « Nous souhaitions indiquer que nous étions engagés dans l'actualité. [...] On se rallia à *Temps modernes* : le rappel du film de Chaplin nous plaisait. Et puis, disait Paulhan de son ton faussement sérieux d'où le sérieux n'était pas exclu, il est important qu'on puisse désigner une revue par ses initiales, comme on l'avait fait pour la *NRF* : or *TM* sonnait assez bien. » Et Beauvoir ajoute : « Nous devions fournir à l'après-guerre une idéologie. [...] Il nous était très utile d'avoir à portée de la main le moyen de dire sans délai nos impatiences, nos surprises, nos adhésions [1]. » C'est ainsi que Sartre, dans le premier numéro des *TM*, sonna la charge dans une *Présentation* qui résonna longtemps et qui résonne encore.

Les *TM*, dont le comité de rédaction, outre Sartre, Simone de Beauvoir, Jean Paulhan et Michel Leiris, réunit Raymond Aron, Maurice Merleau-Ponty et Albert Olivier, commencèrent en fanfare. Sartre détaille dans sa *Présentation* leur projet éditorial. La république souffreteuse des lettres est sa

1. Cf. *Les Temps modernes*, *op. cit.*, p. 351.

première cible. « Tous les écrivains d'origine bourgeoise ont connu la tentation de l'irresponsabilité : depuis un siècle, elle est de tradition dans la carrière des lettres. L'auteur établit rarement une liaison entre ses œuvres et leur rémunération en espèces. D'un côté, il écrit, il chante, il soupire ; aussi se tient-il plutôt pour un étudiant titulaire d'une bourse que comme un travailleur qui reçoit le prix de ses peines [1]. » C'est l'envoi. Un positionnement sans ambiguïté. Citons quelques angles d'attaque de Sartre qu'on ne saurait oublier.

La revue ne sera pas du côté des théoriciens de « l'Art pour l'art et du Réalisme ». Les beaux ouvrages qui ne servent à rien, « bien gratuits, bien privés de racines », n'ont pas sa préférence. Exit les écrivains qui consument leur temps dans leur tour d'ivoire. Mis au rencart les écrivains qui se « penchent » sur les milieux qu'ils veulent décrire, le microscope en main. Car cet artiste qui se « penche », « où était-il donc ? En l'air ? » « La vérité, écrit Sartre, c'est que, incertain sur sa position sociale, trop timoré pour se dresser contre la bourgeoisie qui le paye, trop lucide pour l'accepter sans réserves, il a choisi de juger son siècle et s'est persuadé par ce moyen qu'il lui demeurait

1. Cf. nº 1 des *Temps modernes*. Sauf indication contraire, toutes les citations de ce chapitre sont extraites de la *Présentation*.

extérieur, comme l'expérimentateur est extérieur au système expérimental. »

Un homme de lettres ? s'interroge Sartre. « En elle-même, cette association de mots a de quoi dégoûter d'écrire ; on songe à un Ariel, à une Vestale, à un enfant terrible, et aussi à un inoffensif maniaque apparenté aux haltérophiles ou aux numismates. Tout cela est assez ridicule. » Sartre ne collectionnait pas les médailles, encore que cette passion n'a rien de méprisable et ne nuit pas à l'ordre établi.

L'analyse de Sartre sur les tâches de l'écrivain sera reformulée dans les années suivantes ; l'ensemble des textes de *Qu'est-ce que la littérature ?*, publié d'abord en plusieurs livraisons dans les *TM*, viendra bientôt clarifier ses positions. Mais Sartre, qui souligne dans sa *Présentation* que « l'engagement ne doit, en aucun cas, faire oublier la littérature », prend le parti d'une littérature qui désignera le monde tel qu'il est, ou tel qu'il pourrait être ou devrait être. La voix de l'écrivain ne servira pas à dorer la pilule mais à porter le fer dans les maladies du siècle.

Donner de la voix, donner du sens. « La plupart des littérateurs, dit Sartre, s'étaient résignés à n'être que des rossignols » ; puis d'autres vinrent après eux, et ceux-là « soutinrent que le but secret de toute littérature était la destruction du langage et qu'il suffisait pour l'atteindre de parler pour ne rien dire ». Ainsi, poursuit Sartre, « ce silence intarissable fut à la mode quelque temps et les Messageries

Hachette distribuèrent dans les bibliothèques de gare des comprimés de silence sous forme de romans volumineux ». Quant aux écrivains collabos… « Eh ! quoi ? disent-ils, ça engage donc ce qu'on écrit ? » Oui, ça engage. Car l'écrivain, quoi qu'il fasse, est « dans le coup », « marqué, compromis, jusque dans sa plus lointaine retraite ». (L'écrivain a certes le choix entre parler de la pluie et du beau temps – et passer à la postérité comme un excellent météorologue – ou dire pourquoi la pluie engloutit plus facilement les plus démunis, pourquoi le mauvais temps des lointains exotiques peut habiller d'un linceul les touristes et leurs serviteurs locaux. Si le tourisme est révélateur des inégalités mondiales en matière de développement, la non-maîtrise des catastrophes naturelles est, elle, un indicateur de l'état économique des pays. Les victimes les plus nombreuses des tsunamis, plus de 250 000 personnes, sont évidemment les habitants du Bangladesh, de Birmanie, d'Inde, d'Indonésie, de Somalie, du Sri Lanka, de la Thaïlande, de Malaisie, des Maldives, de Tanzanie et du Kenya. Des pays très pauvres ou émergeants. Tandis que les morts les plus nombreuses parmi les touristes se comptent chez les ressortissants des pays au fort PIB. La Suède recense au moins un millier de disparus, l'Allemagne 60 morts et 591 disparus, la Grande-Bretagne 299 morts et 413 disparus. Ces chiffres, dans leur exposition statistique brutale, donnent une définition en creux du tourisme et de ses flux. Quant à l'élan de générosité mondiale, il masque la dépendance financière des pays victimes, parmi les plus endettés de la planète. À la fin de 2003, la dette extérieure de ces onze pays s'élevait à 406 milliards de dollars, alors que l'aide internationale promise était estimée à 6 milliards de dollars. Une générosité très médiatique, qui soulage la bonne conscience du donateur « bien avant les souffrances des victimes », et qui esquisse ce que pourrait être une « solidarité mondiale ». Comme le souligne Salvano Briceno, directeur de la stratégie internationale des Nations unies pour la prévention des catastrophes : « Il faut abandonner le terme de "naturel". En effet, les catastrophes ne sont pas "naturelles" : il y a une cause naturelle, qu'on ne peut empêcher, mais c'est la vulnérabilité sociale et humaine qui transforme un phénomène naturel en catastrophe. Si l'on est bien préparé, un ouragan ne tue personne. Donc on peut empêcher qu'un phénomène naturel ne provoque un désastre, par l'information, par l'aménagement ou par la préservation des écosystèmes. » Une telle approche de cette catastrophe, événement révélateur de l'état du monde, aurait certainement été du goût de Sartre [1].)

---

1. Cf. Pour les données statistiques : les articles de *Libération* des 11 et 14 janvier 2005 ; pour l'entretien avec Salvano Briceno, par Hervé Kempf : *Le Monde* du 8 janvier 2005.

Bref, en 1945, pour Sartre, le temps des orfèvres en « bibelots d'inanité sonore » est définitivement révolu. Balzac qui n'a rien dit de la révolution de 1848 et Flaubert qui n'a rien voulu savoir de la Commune ont manqué à leur époque, à leurs contemporains : « Je tiens Flaubert et Goncourt pour responsables de la répression qui suivit la Commune parce qu'ils n'ont pas écrit une ligne pour l'empêcher. » Ce qui fait toute la différence avec Voltaire et ses positions pendant le procès de Calas ; avec Zola pendant l'affaire Dreyfus ; avec Gide dénonçant l'exploitation coloniale au Congo : Sartre a ses modèles. « Chacun de ces auteurs, dit-il, en une circonstance particulière de sa vie, a mesuré sa responsabilité d'écrivain. L'Occupation nous a appris la nôtre. »

Parler du présent, être présent à l'époque, s'enraciner dans le quotidien préoccupé des hommes, telle est la voie que l'équipe des *TM* choisit. À la suite aussi de Malraux, un certain Malraux, celui de *L'Espoir*, que Sartre apprécie de moins en moins. Quant à l'immortalité de l'écrivain qui écrit pour le futur, elle est reléguée définitivement au magasin des accessoires : « Nous écrivons pour nos contemporains, nous ne voulons pas regarder notre monde avec des yeux futurs, ce serait le plus sûr moyen de le tuer, mais avec nos yeux de chair, avec nos vrais yeux périssables. Nous ne souhaitons pas gagner notre procès en appel et nous n'avons que faire d'une réhabilitation posthume : c'est ici même et de notre vivant que les procès se gagnent ou se perdent. » Ainsi ajoute-t-il plus loin, pour éviter toute ambiguïté : « Ce n'est pas en courant après l'immortalité que nous nous rendrons éternels : nous ne serons pas des absolus pour avoir reflété dans nos ouvrages quelques principes décharnés, assez vides et assez nuls pour passer d'un siècle à l'autre, mais parce que nous aurons combattu passionnément dans notre époque, parce que nous l'aurons aimée passionnément et que nous aurons accepté de périr tout entiers en elle. »

Cet « engagement » qui se formule dans ce premier numéro des *TM* fera couler beaucoup d'encre. Engager la littérature ? Vous n'y pensez pas ! Jacques Derrida, cinquante ans plus tard, commentera avec finesse et amitié critique la *Présentation* de Sartre : « Bien qu'on en ait si souvent parlé, parfois à satiété, comme d'une modalité passée de la responsabilité des "intellectuels", je trouve que "engagement" reste un mot très beau, juste et encore neuf, si l'on veut bien l'entendre pour dire l'assignation *à laquelle* répondent et *dont* répondent ce qu'on appelle encore des écrivains ou des intellectuels [1]. »

Un mot très beau, d'une beauté qui n'a que faire

1. *TM*, mars-avril-mai 1996, p. 18.

des canons de la mode. Mais qui a beaucoup à lutter contre la mode du prêt-à-penser.

Quelle est la nature de cet engagement ? Sartre introduit un débat qui ne fera guère courir la Sorbonne du XXIe siècle, mais qui est signifiant à l'époque – et qui le reste aujourd'hui. Sartre fait le procès de « l'esprit d'analyse », doctrine officielle de la démocratie bourgeoise, contre la proclamation de l'identité de « la nature humaine à travers toutes les variétés de situation », laquelle met sur le même plan tous les hommes qu'ils soient ouvriers ou bourgeois – Sartre aurait pu ajouter, il le fera bientôt, qu'ils soient colonisés ou colonisateurs. Car si altruisme et générosité sont des vertus bourgeoises, ces « bienfaits bourgeois sont des actes individuels qui s'adressent à la nature humaine universelle en tant qu'elle s'incarne dans un individu ». Ce sont des bienfaits que l'heureux homme est contraint de recevoir dans sa solitude, « c'est-à-dire en se pensant comme une créature humaine isolée en face d'une autre créature isolée ». De fait, souligne Sartre, « la charité bourgeoise entretient le mythe de la fraternité », selon une certaine vision du monde « qui exclut la perception des réalités collectives ».

Ce rapport à l'individu déconnecté de son lien avec le collectif entraîne la « méfiance » sartrienne contre la « psychologie intellectualiste » des œuvres de Proust. Cette méfiance justifie son commentaire sur l'*idée* d'amour-passion qu'il analyse chez Proust [1] : « Un sentiment est toujours l'expression d'un certain mode de vie et d'une certaine conception du monde qui sont communs à toute une classe ou à toute une époque, et son évolution n'est pas l'effet de je ne sais quel mécanisme intérieur mais de ces facteurs historiques et sociaux. » Quel but poursuit Sartre ? Pas celui d'une analyse « littéraire » de l'œuvre de Proust, il entend fonder autrement l'inscription de l'homme dans le monde ; pas seulement selon l'éternelle nature humaine donnée d'avance, mais selon sa « situation » dans le monde : « Pour nous, ce que les hommes ont en commun, ce n'est pas une nature, c'est une condition métaphysique : et par là, nous entendons l'ensemble des contraintes qui le limitent *a priori*, la nécessité de naître et de mourir, celle d'être *fini* et d'exister dans le monde au milieu d'autres hommes. »

Si toute conduite humaine manifeste un sens, chacun des actes manifeste son milieu professionnel, sa famille, sa classe, et finalement « comme il est situé par rapport au monde entier, c'est le monde qu'il manifeste. Un homme c'est toute la terre. Il est présent partout ; il agit partout, il est responsable de tout et c'est en tout lieu, à Paris, à Potsdam, à Vladivostok, que son destin se joue ».

---

1. Denis de Rougemont venait d'en proposer l'histoire (*L'amour en Occident* avait paru en 1939).

Pourquoi défendre ces positions ? Parce que, dit Sartre, elles sont socialement utiles, particulièrement en cette fin de guerre, et que les esprits le pressentent et le réclament. Le but lointain fixé : une libération.

« Puisque l'homme est une totalité, il ne suffit pas, en effet, de lui accorder le droit de vote, sans toucher aux autres facteurs qui le constituent ; il faut qu'il se délivre totalement, c'est-à-dire qu'il se fasse *autre*, en agissant sur sa constitution biologique aussi bien que sur son conditionnement économique, sur ses complexes sexuels aussi bien que sur les données politiques de sa situation. » Tout est-il dit ? Pas encore, pas tout à fait. Mais vaste programme, qui, à quelques fortes nuances près, paraît le rapprocher d'une analyse marxisante.

Il ne s'agit pas, précise Sartre, de « substituer le règne de la conscience collective au rang de la personne ». L'homme risque de disparaître, « englouti par sa classe ». Suffirait-il de délivrer les classes exploitées pour délivrer l'homme ? L'Allemagne hitlérienne triomphant, cela pouvait-il être le triomphe de tous les Allemands ? La dénonciation du caractère abstrait des libertés démocratiques par les nazis, la propagande sur la réalisation d'un « homme nouveau » qui se servait des mots de « Révolution » et de « Libération », n'était-ce pas ces éléments de discours qui tentèrent certains esprits de gauche ? L'idéologie nazie « réduisait les individus à n'être que des fonctions dépendantes de la classe, les classes à n'être que des fonctions de la nation, les nations à n'être que des fonctions du continent européen ».

Ce détour par « l'exemple nazi » permet à Sartre de préciser sa position par une antinomie qui « déchire la conscience contemporaine ». Il y a d'une part ceux qui affirment la primauté de la personne humaine, sa liberté, et qui pensent que les hommes sont à définir « en dehors de leurs conditions réelles d'existence ». Dotant l'individu d'une nature immuable et abstraite, ils ne placent pas la solidarité au premier plan. D'autre part, il y a ceux qui n'envisagent l'homme que comme membre d'une collectivité, déterminé par des facteurs économiques, techniques, historiques, et qui de fait sont « aveugles aux personnes », ne s'en remettant qu'aux groupes. « Cette antinomie, dit Sartre, se marque, par exemple, dans la croyance fort répandue que le socialisme est aux antipodes de la liberté individuelle ». Et par une double conséquence : les partisans de « l'autonomie de la personne » seraient les défenseurs d'un « libéralisme capitaliste », tandis que les autres qui songent à « une organisation socialiste de l'économie devraient la demander à je ne sais quel autoritarisme totalitaire ». Un débat qui pourrait paraître dépassé en ces lendemains de « chute du communisme ». L'est-il vraiment ?

Sartre, en 1945, refuse cette problématique, jaugeant au passage les insuffisances du marxisme à résoudre l'articulation entre, pour simplifier, l'individu et le collectif. Il donne sa résolution de l'antinomie, qui sera un axe de réflexion pendant les années 1940 et 1950 : « Nous concevons sans difficultés qu'un homme, encore que sa situation le conditionne totalement, puisse être un centre d'indétermination irréductible. Ce secteur d'imprévisibilité qui se découpe ainsi dans le champ social, c'est ce que nous nommons la liberté et la personne n'est rien d'autre que sa liberté. »

Cette liberté n'est redevable d'aucune déification de la nature humaine, ni ne signe l'autorisation de faire ce que l'on veut, ni ne constitue l'espace d'un repli, ce « refuge intérieur qui nous resterait jusque dans les chaînes ». Il n'y a pas d'autre monde que celui qui est donné ; pas d'échappatoire, pas d'âge d'or ni avant ni après l'époque qui nous environne, tissée dès les premiers jours de notre naissance. Nous sommes « jetés dans le monde » ; la liberté se déploie dans ce monde.

La liberté est un fardeau, mais ce poids que nous devons porter fait le fond de notre humanité : « On ne fait pas ce qu'on veut et cependant on est responsable de ce qu'on est : voilà le fait ; l'homme qui s'explique simultanément par tant de causes est pourtant seul à porter le poids de soi-même. En ce sens, la liberté pourrait passer pour une malédiction, elle est une malédiction. Mais c'est aussi l'unique source de la grandeur humaine. » L'homme est en situation, n'est qu'en situation.

Être ouvrier, ce n'est pas l'être passivement comme une chose. L'ouvrier a beau être conditionné par sa classe, son travail, conditionné jusqu'à ses sentiments, ses pensées, c'est pourtant lui « qui décide du sens de sa condition et de celle de ses camarades, c'est lui qui, librement, donne au prolétariat un avenir d'humiliation sans trêve ou de conquête et de victoire, selon qu'il se choisit résigné ou révolutionnaire. Et c'est de ce choix qu'il est responsable ».

De fait, l'abstention sera encore un choix ; le choix de l'engagement, en outre, qui n'engage pas l'individu seul, mais le destin de tous les hommes. Car si la société fait la personne, la personne fait la société. « L'homme total », c'est celui qui assume sa condition, celui qui est libre d'accepter sa condition ou de la refuser. La liberté est in-*surrection*, un relèvement, un surgissement de tout l'être de l'homme.

Ces idées, Sartre, on l'a vu, ne les élabore pas en 1945. *L'Être et le Néant* en est le fondement philosophique. Tout comme *Les Mouches* et *Huis clos* en portaient déjà l'écho. Mais la traversée de la guerre, la Libération, les tensions politiques du moment radicalisent ses positions. Et puis, il y a évidemment son « dialogue » avec le parti communiste qui n'en est qu'à ses débuts.

« Contre un certain marxisme, celui que professait le PC, il [Sartre] tenait à sauver la dimension humaine », dit Simone de Beauvoir. Dans sa présentation des *TM*, Sartre précisait cela sobrement : « C'est à défendre l'autonomie et les droits de la personne que notre revue se consacrera », ajoutant plus loin : « Mais nous n'avons pas de programme politique ou social. » Ce que certains trouvèrent trouble. Surtout au PC. Pourtant, il y avait dans ce premier numéro des *TM* le sens d'une politique.

Les Temps modernes, dira Sartre, dans son dialogue avec Gavi et Victor, « n'était pas encore [une revue] militante, mais je cherchais à y mettre au point [une méthode] par différents moyens d'enquête, permettant de montrer que tous les faits sociaux reflètent également, quoique à des niveaux différents, les structures de la société où ils se sont produits, et que à cet égard, un fait divers est aussi significatif qu'un fait proprement politique au sens où on l'entendait. Ce que je traduirais maintenant [au début des années 1970, NdR] par ces mots : tout est politique, c'est-à-dire tout met en cause la société dans son ensemble, et débouche sur sa contestation. C'est ça le point de départ des *Temps modernes*[1] ».

---

1. Cf. *On a raison de se révolter*, *op. cit.*, p. 27.

Dresser l'état du monde, en comprendre la faillite ; dessiner la figure de l'homme telle qu'elle pouvait se lire après cinq ans de guerre et telle qu'elle devrait se re-construire, après la cicatrice nazie, les déflagrations d'Hiroshima et Nagasaki qui ouvraient le monde à un nouvel équilibre géopolitique angoissant[1] : ce programme était à la mesure de l'ambition intellectuelle de Sartre et de l'équipe de création de la revue. Soixante ans plus tard, défendre l'autonomie et les droits de la personne reste un projet très clairement un

---

1. « Il n'y a plus d'*espèce humaine*, écrit Sartre dans un autre article du premier numéro des *TM*. La communauté qui s'est faite gardienne de la bombe atomique est au-dessus du règne naturel car elle est responsable de sa vie et de sa mort : il faudra qu'à chaque jour, à chaque minute, elle consente à vivre. » L'économiste américain John Kenneth Galbraith n'a pas oublié ce problème qui semble être inactuel, soixante ans plus tard, après la fin de la guerre froide : « Une part majeure du budget américain est consacrée aux dépenses militaires. Ce type de dépense doit toujours être envisagé en considérant son but ultime, à savoir le recours à la bombe atomique par la menace militaire, présente ou potentielle, pour la vie humaine et le bien-être. Cette menace reste une réalité pressante. Je suggère que personne ne considère comme politiquement extrême d'examiner ces questions. Ce doit être la question politique la plus importante. » Cf. *Libération*, 30 décembre 2004. Les États-Unis, faut-il le souligner, ne sont pas les seuls concernés par la question.

programme politique et social. Mais quelle autonomie, et dans quelle société ?

La *Présentation* des *TM* mérite d'être relue. Je n'ai pas cherché à en épuiser ici le sens. D'ailleurs Sartre continua d'avancer, comme toujours explorant d'autres chemins, pendant les quinze ans qui suivirent. *La Critique de la raison dialectique* sera l'une de ces ponctuations majeures. Et puis il y aura Mai 68. Mais entre-temps, la *Présentation* des *Temps modernes* aura inscrit Sartre dans le paysage intellectuel français et international. « Qu'en pense Sartre ? » Telle serait souvent la question, en ces décennies fructueuses où il conquit sa liberté de ne pas penser comme les autres.

IV

Pour la révolution

« Être comme tout le monde – n'être comme personne : à renvoyer dos à dos. Le défaut est dans le verbe être. »

Jean-Paul SARTRE,
Cahiers pour une Morale, 1947-1948.

« Ce qui est notre but, et notre but commun, c'est l'intégration de l'individu libre dans une société conçue comme l'unité des activités libres de l'individu. »

Jean-Paul SARTRE,
Entretiens sur la politique, 1948.

Sartre est sur la brèche. *Les Temps modernes* deviennent sa principale tribune. Au comité de rédaction, les départs et les arrivées, les brouilles – avec Albert Camus par exemple –, vont scander le tempo des débats de l'époque. Quelle attitude tenir face à l'URSS, aux États-Unis ?

Livres, articles, entretiens, voyages politiques se succèdent à un rythme soutenu. Le « spectateur » d'avant 1939 a vécu. L'« intellectuel engagé » fourbit ses mots. Sartre s'attire l'admiration et la haine. S'il n'abandonne pas la littérature, il travaille à une morale – annoncée à la fin de *L'Être et le Néant* – dont le manuscrit ne sera publié qu'après sa mort [1]. C'est son théâtre qui diffuse ses idées politiques dans la foule des « existentialistes ».

Plusieurs axes de réflexion se dessinent : son débat avec le parti communiste et les partis de

1. Cf. les *Cahiers pour une morale*, écrits en 1947 et 1948, seront publiés en 1983 aux éditions Gallimard, coll. « Bibliothèque de philosophie ».

gauche, son rapport au marxisme ; son combat contre la bourgeoisie au pouvoir, puis le commencement d'une critique contre le colonialisme.

Son débat avec la gauche française sera permanent. Avec le parti communiste, il y aura des allers et retours, un compagnonnage recherché sur fond de méfiance réciproque ; avec les Soviétiques, une mise à distance compréhensive mêlée à une complicité critique. En 1956, la rupture est consommée. Pourtant, on ne peut réduire, comme souvent, l'attitude de Sartre envers le PCF et le marxisme à un contretemps perpétuel.

Sartre aurait raté son « entrée » au PCF, ou du moins la décision d'un appui franc à sa politique, à la fin de la guerre, alors que nombre d'intellectuels choisissaient, en militants actifs ou potiches, de le rejoindre. Premier acte. Second acte, vers le début des années 1950, quand ces mêmes intellectuels prennent peu à peu leurs distances avec le « socialisme réel », juste avant ou après le rapport Khrouchtchev, Sartre choisirait de s'y accrocher, jouant le rôle de compagnon de route complaisant. Si ce mouvement en deux temps est à peu près exact, on ne saurait affirmer que ces décisions sont la conséquence d'une déficiente appréciation. Premier acte : mauvaise évaluation de « l'espoir » représenté par le PCF à la Libération ; second acte : méconnaissance de la réalité soviétique ou refus d'affirmer la nécessité d'ouvrir le dossier des impasses du communisme stalinisé et donc du totalitarisme.

Sartre, en fait, n'hésite pas. Il choisit son camp : celui du socialisme. Un socialisme « à visage humain », avant la formule, et une liberté qui s'appuierait sur d'autres déterminations que celles de l'humanisme bourgeois. Il suffit de relire la fameuse définition qu'il en donne dans *La Nausée* : les « humanistes » aiment *tous* les hommes, mais pour n'en aimer aucun.

Sartre cherche à fonder – l'idée était en germe pendant la guerre – une « troisième voie » entre capitalisme et socialisme. À ne pas confondre avec le « social-libéralisme » des années 1990. Est-il naïf, idéaliste ?

Sa proximité, ou sa distance, avec le PCF, en 1947, il cherche à l'expliciter. Un exemple. Lorsqu'il rédige sa *morale*, Sartre écrit, réfléchissant à la question des fins et des moyens : « Faut-il ou non, en tel cas particulier, collaborer avec tel gouvernement bourgeois ? Cela est clair par exemple en France en 1947 : le stalinisme pourrit la classe ouvrière, lui ôte tout sens du syndicat et, en lui refusant des moyens démocratiques à l'intérieur du parti, lui ôte sa confiance en elle-même et son expérience éducatrice. D'autre part, le stalinisme russe apparaît comme un danger de guerre menaçant. Faut-il donc considérer qu'on doit abattre le stalinisme *par tous les moyens*[1] ? » Koestler, dit Sartre, est de cet avis et cela implique une conséquence : « Cela signifie concrètement qu'il [Koestler] joint ses forces aux forces réactionnaires (Amérique – gaullisme, etc.), parce que la réaction seule est susceptible de mettre l'URSS et les PC en échec. Toutefois, ajoute Sartre, le triomphe de ces forces ne signifierait pas simplement la liquidation du PC, mais un renforcement de l'oppression des ouvriers et une perte totale de la confiance que cette classe a en elle-même. » Conclusion : « Nous ne pouvons nous associer à cette manœuvre. »

Si cette discussion porte largement au-delà des événements de l'époque – sur le « règne des fins », la position du trotskisme... – Sartre, conscient de la « question stalinienne », illustrée entre autres par le *Zéro et l'Infini* de Koestler, paru en 1940, cherche à articuler l'existentialisme au marxisme et à fonder une morale qu'il définit ainsi au début des *Cahiers* : « La morale *aujourd'hui* doit être socialiste révolutionnaire[2]. » Les *Cahiers pour une morale* resteront à l'état de « brouillon » mais l'orientation générale paraît claire : Sartre n'ira pas rejoindre de Gaulle. Malraux, l'ancien combattant de la guerre

---

1. Cf. *Cahiers pour une morale*, *op. cit.*, p. 170-171.
2. C'est Sartre qui souligne. *Ibid.*, p. 20.

d'Espagne, a choisi de le faire. Le choix de l'Art pour l'art ?

Une dizaine d'années plus tard, après l'intervention soviétique à Budapest, en 1956, Sartre dressera un constat d'échec. S'il continue à penser la valeur du marxisme – la *Critique de la raison dialectique* paraîtra en 1960 –, il met un terme à ses échanges avec le PC français. À la fin de son dernier article sur « Le Fantôme de Staline » – publié en trois livraisons dans *Les Temps modernes* –, en janvier 1957, Sartre dit ses distances et affirme sa position. Elle vaut d'être citée *in extenso* :

« Pour notre part, voici douze ans que nous discutons avec les communistes. D'abord avec violence, plus tard dans l'amitié. Mais notre but était toujours le même : concourir avec nos faibles forces à réaliser cette union des gauches qui *seule* peut encore sauver notre pays. Aujourd'hui, nous retournons à l'opposition : par cette raison très simple qu'il n'y a pas d'autre parti à prendre ; l'alliance avec le PC tel qu'il est, tel qu'il entend rester, ne peut avoir d'autre effet que de compromettre les dernières chances du Front unique. » De fait, poursuit Sartre, « notre programme est clair : à travers cent contradictions, des luttes intestines, des massacres, la déstalinisation est en cours ; c'est la seule politique effective qui serve, dans le moment présent, le socialisme, la paix, le rapprochement des partis ouvriers : avec nos ressources d'intellectuels, nous essaierons d'aider à la déstalinisation du Parti français ». Cette rupture est le résultat d'un long processus. Il faut revenir, brièvement, sur sa genèse.

Après la Libération, en janvier 1945, Sartre s'envole pour l'Amérique, avec huit autres journalistes. Lui-même est l'envoyé spécial des journaux *Combat* et *Le Figaro* – Camus est à l'origine de l'invitation pour *Combat*. Il s'agira d'une rencontre avec des intellectuels américains ; c'est aussi un voyage pédagogique soutenu par les Américains, destiné à faire connaître aux Français l'étendue de l'aide américaine. Un article publié dans *Le Figaro* du 25 janvier – où Sartre commente les divergences politiques françaises pendant la guerre, l'attitude américaine envers la France, envers de Gaulle, etc. – sera à l'origine d'une polémique journalistique entre la France et les États-Unis, entre gaullistes et non-gaullistes... au moment où les relations avec les libérateurs vont peu à peu se tendre.

Sartre est de retour à Paris en mai 1945. Le premier numéro des *Temps modernes* est daté du 1er octobre. Un mois faste. Le 29 octobre, Sartre donne une conférence à Paris, organisée à l'initiative de Jacques Calmy et Marc Beigbeder. Elle fera date : « L'existentialisme est un humanisme. » Son récit fait partie de la « mythologie existentialiste ». Quelque trois cents personnes se pressent à l'entrée de la salle de conférence. Gaston Gallimard a fait le déplacement. La salle est bondée, on se bouscule, on s'évanouit, des coups sont échangés. Sartre est invité à présenter sa définition de l'existentialisme. Il se défend contre les accusations communistes – « philosophie bourgeoise » –, contre la réprobation catholique – « l'existentialisme montre le trouble, le visqueux ». Le conférencier tente de préciser sa philosophie et de redresser les interprétations d'une « mode existentialiste » qui devient un passeport pour une partie de la jeunesse. Car le « phénomène » est traité très approximativement par une presse en mal de lecteurs dont les journalistes n'ont pas eu – la faute à un agenda trop chargé ? – le temps de lire *L'Être et le Néant*. Comme nombre des présents, sans doute, dans l'assistance. La conférence est un déclencheur et une mise au point.

Sartre précise ses sources philosophiques, sa définition de l'engagement, le sens de la « responsabilité ». La soirée, qui fait scandale, est un événement. À partir de cette date, le nom de Sartre s'installe dans les mémoires. L'année 1945 est l'an I de l'existentialisme. Sartre s'en amuse d'abord puis, porté par cette inattendue « promotion », il va continuer sur la lancée d'une parole qui s'impose au-delà du cercle littéraire.

Boris Vian, dans *L'Écume des jours*, immortalisera la conférence de Jean-Sol Partre ; un texte génial et bouffon qui confère à l'existentialisme une dimension romanesque que n'avait pas cherchée le philosophe. D'ailleurs Sartre eut un regard critique sur la conférence qu'il jugea rétrospectivement comme une « erreur ». Publié chez Nagel en mars 1946, *L'Existentialisme est un humanisme*, s'il élargit encore le public de Sartre, sera la source de nombreux malentendus quant à la compréhension d'une pensée en chemin. Existentialisme : le mot est finalement adopté par Sartre, après un débat confus avec Gabriel Marcel, philosophe chrétien qui lui en dispute l'originalité [1].

Quelque peu agacé par cette renommée, Sartre s'embarque dans le lancement du Rassemblement démocratique révolutionnaire (RDR). Georges Altman et David Rousset sont venus solliciter sa participation, et il accepte. Il n'entrera donc pas au PC, mais l'action politique le démange.

---

1. En 1975, Michel Contat demande à Sartre s'il accepte « l'étiquette d'existentialiste ». Oui, dit Sartre, « comme autonomie au sein du marxisme ». Mais il ajoute : « Le mot est idiot. Ce n'est d'ailleurs pas moi, comme vous savez, qui l'ai choisi : on me l'a collé et je l'ai accepté. Aujourd'hui je ne l'accepterais plus. Mais personne ne m'appelle plus "existentialiste", sauf dans les manuels, où ça ne veut rien dire. » Cf. *Situations X*, Gallimard, 1976, p. 192.

ils sont devenus mous !

Le 19 mars 1948 a lieu le premier meeting du RDR. Sartre prend la parole à la tribune : « Le premier but du Rassemblement démocratique révolutionnaire, c'est de lier les revendications révolutionnaires à l'idée de liberté. » Sartre aurait-il trouvé le parti de son programme socialiste ? Pas pour longtemps. Au bout de dix-huit mois de militantisme, le projet tourne court. Rousset, qui pour faire fonctionner le « parti » s'est tourné vers les syndicalistes américains, est désavoué. C'est bientôt la rupture. Il reste de la « parenthèse » RDR un livre très éclairant sur les intérêts politiques de Sartre à la fin des années 1940 [1]. Comme dans l'après 1968 avec son dialogue avec les Maos, on peut retrouver, à la lecture du livre, quelques-unes des permanentes préoccupations du Sartre militant.

Entretiens sur la politique est divisé en deux parties. La première, datée du 18 juin 1948, la seconde, du 24 novembre de la même année. Il s'agit d'entretiens à trois voix. Outre Sartre, dont le nom apparaît en tête des auteurs sur la couverture, interviennent David Rousset que Sartre a déjà croisé pendant l'épisode « Socialisme et Liberté », et Gérard Rosenthal. Le RDR, déjà lancé en mars, a obtenu une certaine audience. Le livre a pour

1. Cf. Jean-Paul Sartre, David Rousset, Gérard Rosenthal, *Entretiens sur la politique*, Gallimard, 1949.

objectif de présenter les contours et les objectifs du Rassemblement.

Les trois interlocuteurs justifient d'abord la différence entre un parti classique et leur rassemblement qui se caractérise par des « objectifs limités, plus immédiats » ; il répond à des « tâches immédiates nécessaires, dont la principale pour nous, dit Rousset, est de donner une base populaire à la démocratie, et permet de réunir les conditions indispensables à la recherche théorique efficace [1] ». Un positionnement affirmé qui se comprend alors comme « la » différence avec le PC, d'autant que Rousset prévient, après un coup de chapeau à « l'esprit de recherche du marxisme », que « le marxisme est devenu bien souvent une scolastique et que pour progresser nous devons d'abord briser cette scolastique ». Première pierre jetée dans le jardin communiste.

En direction des socialistes appartenant à la SFIO, aux communistes du PCF, les initiateurs du RDR proposent une alternative pragmatique : « Il faut, dit Sartre, que nous soyons le rassemblement de ces hommes-là ; nous admettons qu'ils demeurent dans leur parti et nous leur demanderons de voir, avec nous et chez nous, si la nouvelle formation que nous avons constituée est capable de faire

---

1. *Entretiens sur la politique*, *op. cit.*, p. 13

mieux que leur propre parti. » La fonction du RDR est tout entière dans cette idée. Bien sûr, elle n'eut guère d'effet. Les communistes tirèrent à boulets rouges sur ce qu'ils pouvaient éventuellement prendre pour l'embryon d'un parti concurrent.

Quelque trente ans plus tard, dans ses entretiens[1] avec les Maos, Sartre convint de la légèreté de l'ambition, et des grosses ficelles de cette invitation à participer au RDR *sans quitter leur parti* : « C'était une grosse connerie. »

Revenons au débat. Car l'intérêt des entretiens réside principalement dans les réflexions de Sartre, pris en sandwich entre ses deux interlocuteurs. Il aborde là des questions qui ne cesseront pas de le mobiliser, et dont on retrouve encore l'écho dans *On a raison de se révolter*.

À propos de la démocratie : « Je ne définis pas la démocratie par le droit de déposer tous les deux, quatre ou sept ans, un bulletin dans les urnes, mais par la possibilité, pour une collectivité, de prendre à la base ses responsabilités à propos d'une action qui sera sanctionnée par l'événement[2]. » C'est la « démocratie pratique réelle », dont Sartre crédite le syndicalisme d'avant la guerre, c'est « un fonctionnement démocratique intégral » qu'il exige, et dont il relève le manque dans les partis existants. Ainsi

1. Cf. *On a raison de se révolter*, *op. cit.*, p. 28-30.
2. Cf. *Entretiens sur la politique*, *op. cit.*, p. 22-23.

Sartre propose avec Rousset et Rosenthal de créer, en visant le PCF pour ses pratiques, « un contact permanent entre la base et le Comité directeur d'une part, et, d'autre part, entre les éléments séparés de la base ».

À propos d'un programme commun qui pourrait favoriser des contacts entre classe moyenne et classe ouvrière, il avance : « Ce qui est important pour nous, c'est que le fonctionnement de la démocratie intérieure de notre Rassemblement amène à la constitution, je ne dirai pas d'une idéologie, mais d'un grand courant idéologique commun entre ces différents éléments ». C'est-à-dire entre les représentants de la « culture marxiste » et les intellectuels qui partagent les principes de « la pensée philosophique bourgeoise », cette dernière étant dans ses meilleurs éléments une « philosophie démocratique ». Unir marxistes et non-marxistes, tel est en fait le projet, le marxisme étant défini comme une « philosophie ouverte » et non dogmatique.

Reconnaissant « la lutte des classes comme une réalité quotidienne », se rangeant aux côtés du prolétariat et non de la bourgeoisie, les membres du RDR, marxistes et non-marxistes, se fixent comme but « une libération ». Et la profession de foi de Sartre, validée par ses interlocuteurs, est une fois encore d'une grande clarté.

Les membres du RDR « considèrent tous que,

dans la situation donnée, l'homme, comme le dit Marx, est en état d'aliénation, c'est-à-dire qu'il n'a pas la possession de sa propre destinée, de sa propre vie, de son travail, que les idées qui lui viennent ne sont pas formées directement par lui, à partir des nécessités de sa situation[1], de sa classe et de son travail, mais bien plutôt à partir de mystifications et d'idéologies qui le ruinent[2] ». Vulgate marxiste ? À n'en pas douter ? Néanmoins, nuance Rousset – tactiquement ? –, intervenant après Sartre : « notre rassemblement est à cheval sur deux classes et, en conséquence, il n'est pas dans sa structure marxiste ».

Cette exposition de principes, en tout cas, ne pouvait en effet qu'indisposer à gauche, et

1. Sartre a rappelé ce qu'il entend par « situation », reprenant les analyses de *L'Être et le Néant* « vulgarisées » dans le premier numéro des *Temps modernes* : « Ce terme n'est pas marxiste, mais l'idée elle-même est capable de lier chez nous marxistes et non-marxistes. Nous considérons avant tout qu'il importe peu que l'homme soit ou non pourvu d'une liberté inconditionnelle ou métaphysique. » Ce qui importe « c'est que l'homme se définit par sa situation sociale, par son appartenance à une classe ou à une autre, par son appartenance, à l'intérieur de cette classe, à un groupe professionnel [...], de telle manière qu'il n'y a pas d'homme éternel à sauver, mais que le seul moyen de libérer les hommes est d'agir sur leur situation. » *Entretiens sur la politique*, *op. cit.*, p. 38-39.

2. *Entretiens sur la politique*, *op. cit.*, p. 39.

particulièrement un PCF alors hégémonique à l'extrême-gauche.

Quoiqu'il en soit, dit Sartre – se refusant une nouvelle fois, comme dans sa *Présentation* des *Temps modernes* trois ans plus tôt, à opposer l'individu à la société, à prendre en compte le conflit de l'individu et du social –, « non seulement nous posons que la démocratie, comme moyen d'émancipation et comme but final, est nécessaire, mais encore qu'elle ne peut être efficace comme moyen et efficace comme fin que moyennant la liquidation de la structure sociale capitaliste, autrement dit par ce qu'on appelle révolution [1] ».

Au-delà de cette déclaration « en situation » – il s'agit de situer le Rassemblement sur l'échiquier politique et de se positionner à gauche du PC –, les propos de Sartre méritent néanmoins qu'on s'y arrête.

Ce philosophe sorti de sa torpeur politique d'avant-guerre, qui n'avait pas « d'idées politiques précises », semble avoir brûlé les étapes. Il va trop vite : « romantisme révolutionnaire », pense Aron qui va quitter les *Temps modernes* ! Pas assez vite, puisqu'il n'est pas chez nous, disent les communistes…

À l'apostrophe de Raymond Aron ironisant sur son « romantisme révolutionnaire », Sartre répond

---

1. *Entretiens sur la politique*, *op. cit.*, p. 40.

vivement : cette expression d'Aron « est l'expression type qu'on emploie pour dégoûter les gens d'une doctrine trop naïve, trop passionnelle, trop rêveuse. [...] Il s'agirait, en somme, de considérer la révolution comme un grand mythe dont on ferait usage pour exciter les masses, mais qui s'effondrerait à l'analyse [1] ». Le seul problème social, pour Aron, poursuit Sartre, c'est « le problème de la répartition des biens lorsque ces biens sont insuffisants ». Certes, mais en combien de temps cette abondance des biens peut-elle être atteinte, et comment y arriver ?

Et Sartre de dénoncer le programme économique du RPF fondé par de Gaulle, qui prône la liberté des prix et le blocage des salaires ! Le « romantisme », dit-il, est du côté de Raymond Aron, « théoricien triste ». « Son réalisme le conduit, ainsi d'ailleurs que beaucoup des membres de l'état-major RPF, à se ranger du côté de l'une et l'autre puissances mondiales qui risquent de faire la guerre. Il serait "romantique" [selon Aron] de croire que la paix est encore possible. Du coup en déclarant la guerre fatale, on contribue à la hâter. »

De fait, entre les deux camps, Sartre et le RDR cherchent à inspirer une « troisième voie », ce qui

1. *Entretiens sur la politique*, *op. cit.*, p. 31.

est déjà illusoire [1]. Mais, entre les « deux grands », il y a l'Europe, et les préoccupations du RDR rejoignent alors les projets d'Union européenne qui s'élaborent après la guerre.

En septembre 1946, dans son fameux discours de Zurich, Winston Churchill propose la création des États-Unis d'Europe avec comme pôle principal l'association franco-allemande. En mai 1948, à quelques semaines de la création officielle du RDR, s'est tenu aux Pays-Bas, à La Haye, un congrès sous la présidence du même Churchill. Cette réunion d'associations favorables à la construction européenne propose l'élection d'une assemblée dont le mandat consisterait à demander aux gouvernements des mesures concourant à l'émergence d'une Union européenne. Jean Monnet, dans les coulisses, prépare aussi activement son projet européen.

Pourquoi l'Europe ? Parce que le « fatalisme de la guerre », dit Sartre, partage l'opinion politique en

---

1. Sartre au début des années 1970 reconnaîtra la fragilité doctrinale du Rassemblement : « … Il me semble que c'était une nouvelle version de cette troisième force que tant de gens voulaient créer en France. Nous voulions tenter de pousser notre gouvernement à se joindre à d'autres gouvernements européens, pour tenter d'être une médiation entre l'URSS et les USA. » Cf. *On a raison de se révolter*, *op. cit.*, p. 29. En revanche, l'idée d'une « troisième voie… vraiment de gauche » ne sera jamais vraiment abandonnée par Sartre.

deux camps : les uns cherchent une « protection du côté des USA » et prennent parti implicitement contre l'URSS, tel le RPF ; les autres, « cherchant une protection contre le fascisme ou contre le capitalisme impérialiste des USA, se jettent dans les bras de l'URSS », ce qui menace également la paix.

L'Europe, selon Sartre, n'est pas à construire comme une sorte de « bloc » dressé « à la fois contre les USA et contre l'URSS ». La désunion de l'Europe entraîne que celle-ci « est, pour l'URSS et les USA, le champ de bataille de la "guerre froide" et tout homme européen se croit alors tenu de choisir entre l'URSS et les USA [1] ». L'Europe, au contraire, dépassant ce choix manichéen, doit « prendre [...] une position de médiatrice. En faisant son unité, elle cessera d'être tentation permanente et danger permanent ». Une conception de l'unité européenne qui diffère néanmoins de celle de Churchill et des Américains qui, avec le plan Marshall de juin 1947, ont proposé une aide économique pour la reconstruction de l'Europe.

L'unité de l'Europe à laquelle pensent Sartre et le RDR ne reposera pas d'abord, comme certains le proposent alors, sur une « unité militaire ». L'Europe ne peut être conçue « tout entière comme le poste avancé du groupe anglo-saxon dans sa lutte contre l'URSS ». L'Europe imaginée sera

1. *Entretiens sur la politique*, *op. cit.*, p. 82-83.

socialiste : « Nous estimons d'abord que l'Europe ne peut être un facteur de paix que s'il s'agit d'une Europe socialiste, c'est-à-dire d'une Europe dans laquelle ce seront les masses, les partis socialistes, les forces socialistes et progressistes, les syndicats qui prendront l'initiative d'une liaison des différents pays. [...] C'est elles qui ont intérêt à constituer une organisation économique européenne et à maintenir la paix par le refus de toute militarisation [1]. »

De fait, entre ces deux projets d'Europe, dont l'une des parties « veut faire une base militaire », et que l'autre « veut empêcher de renaître », il faut montrer que « la reconstruction d'une Europe socialiste est un facteur de paix ». Objectif de la démonstration : il s'agit de convaincre les Américains, notamment, « que l'Europe est autonome, qu'elle a sa manière propre de concevoir le socialisme, *et que le communisme stalinien est autre chose que l'Europe proprement dite* [2]. » Cette

---

1. *Entretiens sur la politique*, *op. cit.*, p. 85. Au milieu des années 2000, comment pourrait se traduire cette formulation ? Ainsi : il faut construire l'Europe par en bas... Et la contrôler de bas en haut, avec un parlement qui aurait les attributs et pouvoirs d'un vrai parlement. Mais quelle Europe se dessine ? Pas une Europe socialiste ? Les ferveurs libérales de la « constitution » projetée par les travaux de la convention « Giscard d'Estaing » semblent ne pas en retenir l'hypothèse.

2. *Entretiens sur la politique*, *op. cit.*, p. 86-87.

dernière phrase, que je souligne, n'est pas seulement, pour Sartre en tout cas, une clause de style. Si le but des *Entretiens* est évidemment de « faire passer le message » du RDR, elle illustre une fois encore le point de vue, sinon l'obsession de Sartre : pas de socialisme sans liberté…

Avant de parcourir brièvement la deuxième partie des *Entretiens*, je m'arrêterai sur le chapitre XV de la première partie, titré : « Aventures et mésaventures des intellectuels staliniens [1] ». Si l'exposé paraît aujourd'hui antédiluvien, il permet de visiter les dédales des relations de Sartre avec le PC, et plus précisément de se pencher sur la question de ses rapports avec « les intellectuels staliniens. »

Sartre examine d'abord la proximité de ses préoccupations avec celles du parti communiste : son opposition au capitalisme, au fascisme, au RPF. « Il semblerait, dit-il, qu'au moins des alliances provisoires puissent être conclues entre les intellectuels communistes et moi-même ou mes amis. » Et Sartre de rappeler que pendant l'Occupation, des intellectuels communistes lui avaient demandé d'entrer au Front national alors contrôlé par eux [2], avant la mise en sommeil de son groupe

---

1. *Entretiens sur la politique*, *op. cit.*, p. 70-78.
2. Cf. chap. II, *Quand Jean-Paul devient Sartre*, p. 31 et suiv.

« Socialisme et Liberté ». On a vu la réponse de la direction du Front quand le groupe avait voulu tisser des liens : « Sartre est un espion libéré pour services rendus aux Allemands qui vient se renseigner sur le fonctionnement de la Résistance. »

Après l'arrêt de « Socialisme et Liberté », Sartre avait finalement œuvré dans le cadre du Comité national des écrivains, auquel il appartenait toujours à la Libération. Cependant, les critiques, de nouveau après 1945, sont formulées, y compris aux *Lettres françaises*, où Sartre écrit, et dans un périodique du PC, *Action*. À la rédaction de celui-ci, Sartre fait parvenir un article, *Mise au point*, sans vraiment pouvoir désamorcer les conflits. C'était, dit Sartre, « un article de conciliation où j'essayais de montrer dans quelle mesure mes propres idées pouvaient s'inspirer du marxisme ou, en tout cas, dans quelle mesure elles pouvaient ne pas être désavouées par un marxiste ». Conciliation ratée. « *Action* se servit de ce texte pour provoquer une série d'articles publiés ensuite, sans possibilité de réponse de ma part, où l'on m'attaquait et me traînait dans la boue. Telle fut la première tentative de rapprochement avec les communistes [1]. » Lorsque l'on définit Sartre comme *le* « compagnon de route des communistes », il est bon de rappeler ce premier épisode ; ce qui n'empêche pas d'évaluer

1. *Entretiens sur la politique*, *op. cit.*, p. 72.

l'attitude de Sartre dans ses relations controversées avec l'URSS lors des dix années qui suivirent. Le récit de Sartre continue.

Les attaques des *Lettres françaises* se poursuivirent. On proposa à Sartre et à Michel Leiris, alors membre du comité de rédaction des *Temps modernes*, de prendre part à une querelle interne aux *Lettres* pour contrecarrer l'influence d'Aragon : « Nous avons refusé, explique Sartre, parce que nous ne voulions pas nous prêter à une lutte intérieure au parti communiste. » Fin de l'épisode, et suite du récit.

Sartre reçoit un jour un coup de téléphone de l'un de ses anciens élèves, Jean Kanapa, qui l'engage à prendre contact, malgré les attaques renouvelées des *Lettres françaises*, avec des intellectuels marxistes. Sartre hésite. Kanapa lui assure que ces intellectuels qu'il va rencontrer sont des interlocuteurs valables. Les vrais intellectuels marxistes sont susceptibles de s'entendre avec vous, assure-t-il ; « cela ne veut pas dire du tout que vous devriez entrer au parti ni rien de tel, mais il y aurait peut-être là une base pour des échanges de vues, un travail commun, et une sorte de paix à conclure entre nous ». À demi convaincu, sans doute, Sartre se rend à un rendez-vous fixé par Kanapa, que l'on prie de ne pas participer à la rencontre. De trêve il n'y eut pas : « [...] je me trouvai en face d'un tribunal où Garaudy [futur exclu du PCF] et

Mougin m'attaquèrent violemment sur ma philosophie, déclarèrent que c'était une pourriture ; Garaudy se montra le plus violent, affirmant qu'il n'y avait aucune possibilité d'entente sur aucun point entre eux et moi ». Surprise légitime de Sartre quant au bien-fondé d'une telle entrevue : « À partir de ce moment-là, M. Garaudy prit l'habitude de me traîner un peu partout dans la boue et de déclarer en conférence publique que j'étais un fossoyeur. » Fin du *deuxième* épisode.

Car ce n'est pas tout. « Je dois noter, dit-il, que dans les trois cas ce sont les communistes qui ont toujours pris l'initiative des rapprochements. » La dernière tentative se situe à l'époque où Sartre intervient à la radio, dans le cadre de « La Tribune des Temps modernes », une émission hebdomadaire qui sera diffusée vers la fin de l'année 1947.

Après avoir attaqué dans l'une d'elles le RPF, il critique « modérément » le PC, conseille au parti socialiste SFIO, alors au gouvernement, de prendre l'initiative d'un nouveau Front populaire « ou tout au moins à pressentir le parti communiste à ce sujet, tout en posant un certain nombre de conditions qui rendraient un tel gouvernement possible ».

Peu de temps après, le directeur des *TM* est contacté par un émissaire, non communiste, qui lui assure qu'un responsable du PC, Hervé, serait favorable à la création de « comités de vigilance anti-RPF ». Y participeraient des socialistes SFIO critiques, des MRP de gauche, et « des sans-parti comme vous ». Une idée que ne peuvent défendre directement les communistes, dit-il, mais que Sartre pourrait lancer, en étant assuré que les intellectuels communistes n'hésiteraient pas à le rejoindre. Accord tacite de Sartre, qui attend un coup de téléphone de confirmation et un rendez-vous pour mettre le projet sur pied. Attente vaine. « Non seulement le coup de téléphone ne vint pas », commente Sartre, mais peu après « paraissait un numéro d'*Action* dans lequel on déclarait que j'avais ignoblement insulté le parti communiste dans mon émission sur le PC ; que d'autre part, malgré une feinte hostilité envers le RPF, j'appartenais au même milieu, que j'avais les mêmes intérêts et qu'en conséquence, une fois de plus, j'étais un traître. L'article était signé d'Hervé. » Fin de la troisième conciliation racontée par Sartre.

Dans les dernières pages du chapitre, Sartre reconnaît que nombre d'intellectuels du Parti désavouaient de telles méthodes ; Rosenthal s'étonne alors que Sartre ait omis de rappeler qu'un congrès national du PCF avait dénoncé l'existentialisme comme « ennemi idéologique numéro 1 ». Réponse ironique de « l'existentialiste » : c'est une omission volontaire, « parce que ç'a été peut-être le seul jour où les communistes se sont montrés à peu près courtois envers moi, ou, si vous voulez, moins grossiers. Je suis habitué à des attaques contre ma vie privée ou à des insinuations touchant mon honnêteté. Il n'était question là que de la stupidité de la doctrine et du danger qu'elle constitue. J'ai été heureusement surpris [1] ». Sartre avait-il la faculté d'oubli ?

Il serait intéressant de commenter plus encore la deuxième partie de ces *Entretiens*, et le livre tout entier, rarement cité. Pour noter que le RDR *ne se veut pas anticommuniste*, et repérer les thèmes que Sartre continuera de développer ailleurs : il condamne les partis tels qu'ils fonctionnent sous ses yeux, qui empêchent l'éclosion d'« une liberté concrète » ; il prône une démocratie qui permet à « la base » de peser sur les initiatives du parti ; défend une culture accessible à tous, une culture qui apprend « que personne ne peut penser à notre place et que nous ne devons nous démettre de notre pensée au profit de personne » ; affirme qu'il n'y a pas de lutte contre la guerre qui ne soit une lutte sociale. Rappelons enfin que Sartre inaugure *mezza voce*, en cette année 1948, la critique de l'exploitation des pays colonisés.

L'expérience du RDR tourna court après un congrès mouvementé où Rousset fut désavoué pour ses engagements pris aux États-Unis. La recherche

---

1. *Entretiens sur la politique*, *op. cit.*, p. 78.

illusoire d'une « troisième voie » dans le contexte de l'époque s'arrêta là.

Cette expérience sera pourtant un repère dans les futurs engagements de Sartre : « [...] la récente histoire du RDR m'avait instruit. Un micro-organisme qui avait des aspirations à jouer le rôle de médiateur se décomposait rapidement en deux groupes : l'un pro-américain, l'autre pro-soviétique. Devant les menaces de guerre qui, vers 1950-1952, semblaient à tous grandir de jour en jour, il me paraissait que ce seul choix était possible : USA ou URSS. Je choisis l'URSS [1] ».

Les relations tumultueuses de Sartre avec le parti communiste allaient connaître de nouvelles péripéties faisant alterner les critiques et les réconciliations, les vrais moments de rapprochement et les variantes de « compagnonnage critique ». Pour la droite, il sera devenu l'une de ses bêtes noires.

En fait, la troisième voie tant recherchée, Sartre semble parfois avoir voulu l'incarner tout seul. Une voie étroite où l'on surveillera tous ses faux pas, à droite comme à gauche.

Avoir raison contre Sartre, qui ne se retournait jamais sur ses pas, posait son homme. Sartre ne cessait d'avancer. « Continuons », c'est le dernier mot des *Mouches*.

1. *On a raison de se révolter*, *op. cit.*, p. 30.

Sartre, réveille-toi,

En 1960, dans sa préface à *La Critique de la raison dialectique*, il écrira : « Je n'aime pas parler de l'existentialisme. Le propre d'une recherche, c'est d'être indéfinie. La nommer et la définir, c'est boucler la boucle : que reste-t-il ? Un mode fini et déjà périmé de la culture, quelque chose comme une marque de savon, en d'autres termes, une *idée*. »

Sartre n'a jamais été l'homme d'une seule idée. Et il n'était pas toujours là où l'on croyait qu'il pensait. La « morale » qu'il tire des anecdotes fâcheuses, rapportées dans le texte des *Entretiens* de 1948, l'éloigne autant des communistes qu'elle l'en rapproche. Sartre est sur la brèche.

V

« Non récupérable »

« NASTY : Si tu veux faire le Bien, tu n'as qu'à décider de le faire, tout simplement. »

Jean-Paul SARTRE,
Le Diable et le Bon Dieu, 1951.

« Nous sommes embarqués, il faut choisir : le *projet* nous éclaire et donne son sens à la situation mais réciproquement, il n'est rien d'autre qu'une certaine manière de la dépasser, c'est-à-dire de la comprendre. »

Jean-Paul SARTRE,
Réponse à Albert Camus, 1952.

L'aventure politique du RDR aura donc fait long feu. Après s'être donné un temps de répit, relatif, sur le plan politique, Sartre va se rapprocher du parti communiste. Cela durera jusqu'à l'intervention soviétique à Budapest.

Dans l'un de ses entretiens au cours des années 1970, il revient sur son parcours : « À ce moment-là [1952], et jusqu'en 1956, j'ai fait une nouvelle expérience, plus complète, du travail avec les communistes. La première chose que j'ai notée, c'est leur correction rigide pour observer les accords. [...] Ça se passe comme si tu avais signé un contrat : tu t'engages à faire quelque chose pour l'intérêt commun, eux s'engagent à t'aider à le faire – et ils le font dans la mesure du possible ». « Ils sont loyaux ? », lui demande Pierre Victor. « Oui, lui répond Sartre. Mais c'est une lourde machine. Il y a de temps en temps des bavures [1]. »

Entre 1952 et 1954, outre de nombreux textes,

---

1. Cf. *On a raison de se révolter*, Gallimard, 1974, p. 31-32.

Sartre publie trois articles dans *Les Temps modernes*, réunis ensuite dans le volume « Problèmes du marxisme [1] ». L'ensemble des « Communistes et la paix » porte sur la gauche, « l'anticommunisme de gauche », les liens du PCF avec la classe ouvrière, la bourgeoisie, le malthusianisme, l'interchangeabilité de l'Ouvrier spécialisé, la division syndicale, le trotskisme, l'histoire de la France, ou plutôt sa mémoire : « L'histoire s'avance masquée : quand elle se découvre, elle marque les acteurs et les témoins pour toujours ; nous ne nous sommes jamais remis des deux "minutes de vérité" que la France a connues au XIXe siècle, et notre bourgeoisie joue perdante aujourd'hui parce qu'elle a vu son vrai visage en 1848 et 1871 [2] »... Le premier article est écrit dans la fièvre par un Sartre « submergé de colère »

1. « Les Communistes et la paix », un très long article de trois cents pages... In J.-P. Sartre, *Situations VI*, Gallimard, 1964.

2. Le massacre de la Commune de 1871. « [...] Les massacreurs n'obtiendraient l'acquittement que s'ils avaient pris soin de faire disparaître les témoins. En un mot, il fallait exterminer la classe ouvrière. L'affaire s'annonçait bien : folle de rage et de honte, la bourgeoisie mise à nu voulait crever tous les yeux du prolétariat ; la Garde nationale se fit un devoir de fusiller les blessés. Par malheur on arrêta prématurément la répression. L'élite fut consternée : 10 millions de morts lui eussent rendu l'innocence, 1 500 fusillés la transformaient en un ramassis d'assassins. » *Ibid.*, p. 275-276.

après l'arrestation de Jacques Duclos, dirigeant du PC, accusé de complot contre la sécurité de l'État – l'affaire rocambolesque des Pigeons voyageurs – à la suite de la manifestation des communistes contre la visite le 28 mai 1952, à Paris, du général Ridgway. Ce dernier remplaçait Eisenhower à la tête du quartier général de l'Otan alors installé en France. Une sorte de mise en train de Sartre pour ses réflexions futures de *La Critique de la raison dialectique*.

« Les communistes… », est une déclaration de compagnonnage avec le PC, non d'allégeance aveugle. Ces articles, dira Sartre, « je fus poussé à les écrire par la haine du comportement bourgeois plus que par l'attirance qu'exerçait sur moi le parti. En tout cas, le pas était sauté [1] ». Son intervention militante dans l'affaire Henri Martin est l'un des premiers actes significatifs de ce saut.

Henri Martin, militant communiste opposant à la guerre d'Indochine, est arrêté en mai 1950, jugé en octobre par le tribunal maritime de Toulon et condamné à cinq ans de prison. Le verdict sera confirmé un an plus tard par le tribunal maritime de Brest. Engagé très jeune dans la Résistance, à 17 ans, Henri Martin a participé à la libération de Bourges. En décembre 1944, il s'est engagé dans la Marine pour une durée de cinq ans ; il a suivi des

1. Cf. *On a raison de se révolter*, *op. cit.*, p. 30-31.

cours pour devenir mécanicien. Volontaire pour la campagne contre le Japon, il est parti pour l'Indochine, direction Saïgon.

En s'engageant, l'ancien résistant pensait « combattre des déserteurs japonais et des pillards qui terrorisent la population ». Il va découvrir une guerre qui n'est pas la sienne – dernier acte, Diên Biên Phu – et marquera son désaccord par la distribution de tracts anti-guerre qui le feront condamner. Cette révolte n'intervient qu'à un an de la fin de son engagement, alors qu'il a rempli ses devoirs de soldat en Indochine.

Le volume de témoignages sur *L'Affaire Henri Martin*, que Sartre accompagne de ses commentaires, était initialement écrit pour solliciter la grâce du marin. En fait, le livre sera publié après son élargissement pour « bonne conduite » avant le terme de sa peine ; il pourra, dit Sartre, servir de base à un procès en réhabilitation. Car le procès du militant est symbolique, souligne-t-il dans son *Avertissement*[1] : « Quand un gouvernement s'obstine à voir un traître dans l'homme qu'une grande partie de l'opinion publique tient pour un héros, le pays

1. Cf. *L'Affaire Henri Martin. Commentaire de Jean-Paul Sartre*, Gallimard, 1953, p. 7. Parmi les rédacteurs du livre, on trouve les noms de Hervé Bazin, Marc Beigbeder, Jean-Marie Domenach – le futur directeur de la revue *Esprit*, Francis Jeanson, Michel Leiris, Jacques Prévert, Vercors…

est bien malade. Libre ou non, Martin, fût-ce en dépit de lui-même, reste un symbole de nos discordes. »

La défense de Sartre est brillante, ironique et tout entière argumentée. Il fait du condamné, selon ses critères philosophiques et politiques, le modèle de l'homme qui a choisi l'authenticité. Pour Henri Martin, écrit-il, « la "personnalité" s'identifie à la conscience *pratique* du rôle qu'on joue dans l'histoire : elle est esquissée dans l'objet sous forme de suggestions et d'exigences : à chacun de trouver la sienne par des actes [1] ». Il dénonce le péché de communisme énoncé par les accusateurs, qui tend à invalider les déclarations et les actes de Henri Martin, « robot téléguidé de Moscou ». « Martin est contre la guerre d'Indochine ? Parbleu : *puisqu'il* est communiste. » Et de dénoncer la campagne belliqueuse contre l'URSS, supposée fauteur de guerre, en cette période où la guerre de Corée, en juin 1950, avait fait craindre le pire d'un conflit généralisé. La Troisième Guerre mondiale est déjà là, écrit Sartre : « Tous les traits en sont fixés ; des magazines à gros tirages ont déjà publié le détail des opérations : les causes du conflit, la défaite des armées occidentales, l'occupation de l'Europe, la Terreur rouge et la libération finale, nous savons tout par cœur. [...] Oui, l'avenir

1. *Ibid.*, p. 106.

est fait et, puisque l'URSS y joue un rôle abominable, cette nation de proie est déjà tout ensanglantée par ses crimes futurs et nous voyons sa face de Gorgone à la lumière des incendies qu'elle n'a pas encore allumés [1]. » La « guerre froide » bat son plein. Ne pas dénoncer la sentence, la prison à laquelle fut condamné Martin, dit plus loin Sartre, c'est être complice : « C'est par notre mauvaise foi, notre peur et notre haine qu'il y est maintenu. » Et il ajoute : « À ce mélange de je-m'en-foutisme, de sottise et de vénalité qu'on nomme la politique française, notre jobardise donne une allure de mystère sacré ; protégée par notre peur, la connerie devient un article de foi. » Il prédit enfin : « Quand chacun de nous prendra tous les autres pour des conspirateurs, nous serons à la veille de la prochaine Saint-Barthélemy. Hélas ! à la veille, aussi, de la prochaine guerre [2]. »

Comme pour les Rosenberg [3], ces communistes

1. *Ibid.*, p. 191-192.

2. *Ibid.*, p. 201-202.

3. Après l'exécution des Rosenberg, Sartre publie son article « Les Animaux malades de la rage » qu'il conclut ainsi : « En attendant, ne vous étonnez point si nous crions, d'un bout à l'autre de l'Europe : Attention, l'Amérique a la rage. Tranchons les liens qui nous rattachent à elle, sinon nous serons à notre tour mordus et enragés. » Cf. sur ce thème, une mise au point : Gérard A. Jaeger, *Les Rosenberg. La chaise électrique pour délit d'opinion*, Le Félin, 2003.

américains condamnés à la chaise électrique en 1951, et exécutés en juin 1953 pour avoir livré, selon l'accusation, des secrets vitaux pour la défense des États-Unis (il a soutenu la campagne internationale en leur faveur et écrira un texte posthume indigné), Sartre ne ménage pas son soutien et ne compte pas son temps. Mais il n'avance pas seulement côté politique ; son œuvre littéraire et théâtrale est toujours en chantier.

Le Diable et le Bon Dieu est créé au théâtre Antoine en juin 1951 ; à l'été 1952, Sartre a publié son *Saint Genet, comédien et martyr*, une gigantesque « préface » de 578 pages aux œuvres complètes de l'auteur des *Bonnes*. En août de la même année, paraît sa *Réponse à Albert Camus* qui va signer leur rupture. L'anticommunisme de l'un et les rapprochements de l'autre avec le PCF ne pouvaient que cristalliser leurs désaccords.

Quand *Le Diable et le Bon Dieu* est repris à l'automne 1968 à Paris, au TNP, la pièce trouve un accueil singulier parmi le public, composé de jeunes spectateurs qui ont participé aux événements de mai 68. Lorsque Goetz, joué par François Périer, laisse tomber les derniers mots de sa dernière réplique : « Il y a cette guerre à faire et je la ferai », il attise les réactions d'une génération qui va s'engager dans la « militance » politique pendant plusieurs années – et que Sartre cherchera à comprendre sinon à accompagner. Et puis il y a la guerre du Vietnam, depuis longtemps commencée, et l'opposition d'une partie de la jeunesse étudiante et de la gauche contre l'intervention américaine.

Les paysans du XVIe siècle, ces personnages opprimés du *Diable et le Bon Dieu*, sont des figures sur lesquelles il n'est pas difficile de projeter l'image de ceux qui souffrent, dans cette ex-Indochine, des horreurs de la guerre.

Le Diable et le Bon Dieu n'est pas une « mise en cause » des religions ; c'est bien plutôt la formulation d'une alternative radicale que Sartre énonce ainsi : « Si Dieu existe, l'homme n'existe pas, et si l'homme existe, Dieu n'existe pas. » Si, entre le Diable et Dieu, Goetz choisit finalement l'homme, c'est qu'il a fait descendre le royaume de Dieu sur Terre. La pièce traite de la morale et de la praxis, de l'action, de la violence [1]. Du pouvoir terrestre. Inspirée d'une pièce de Cervantès, *Le Rufian bienheureux*, dont lui avait parlé un jour Jean-Louis Barrault, Sartre s'appuie, en arrière-plan, sur l'épisode de la *Bauernkrieg*, la « guerre des

1. Répondant à un journaliste, Sartre précise : « Il est une critique catholique qui me paraît plus vraie : que le règne de l'homme sans Dieu commence par la violence. Je le sais bien. Mais l'histoire montre aussi que la violence va aussi avec le règne de Dieu. » *Cf. Un théâtre de situations*, *op. cit.*, p. 279.

Paysans[1] ». Cette guerre qui ravagea une partie de l'Allemagne au début du XVIe siècle se termina par la défaite des révoltés. Friedrich Engels lui consacra un long texte, considérant la révolte paysanne comme une « préface » aux révolutions futures.

Dans cette pièce, comme le dit Francis Jeanson, « Sartre chargera Goetz de condamner ses propres illusions en matière de neutralisme. »

Goetz, l'aventurier cynique, n'a choisi de faire le bien que par défi, comme il faisait le mal pour s'opposer à Dieu sans se soucier des hommes. Faisant volte-face, il décide que Dieu n'existe pas et choisit les hommes et leur combat, avec pour seule transcendance le « ciel vide » au-dessus de sa tête. La « conversion de Goetz, dira Sartre dans une interview, c'est la conversion à l'homme. Rompant avec la morale des absolus, il découvre une morale historique, humaine et particulière[2]. » Celle-là même que Sartre essaie de tenir dans son engagement raisonné aux côtés du parti communiste. Une morale qu'il cherchait à fonder dans ses *Cahiers*

---

1. Cette guerre qui se déroule en Allemagne du Nord entre 1524 et 1525 oppose, dans la mouvance de la Réforme lancée par Luther, les paysans, des artisans, certains nobles, aux administrations princières et au conservatisme nobiliaire. Un des chefs de guerre de la révolte paysanne, le noble Götz von Berlichingen, a été immortalisé par Goethe dans son drame au titre éponyme.

2. Cité in *Sartre, un théâtre de situations*, *op. cit.*, p. 269.

pour une morale où il notait : « La morale doit être historique, c'est-à-dire trouver l'universel dans l'Histoire et le ressaisir dans l'Histoire. »

Goetz, traître, bâtard, manipulateur d'hommes, assassin, ne trouvera sa vérité qu'en choisissant, entre le bien et le mal, de se battre aux côtés de ceux qui n'ont rien à perdre puisqu'ils ne possèdent leur vie qu'à demi, opprimés par les puissants, achetant à Dieu pour quelques indulgences le Paradis qu'il leur est interdit d'espérer sur Terre. Goetz, dans la galerie des personnages sartriens, est l'exact opposé de Hoederer. Dans *Les Mains sales*, Hoederer incarne « le réalisme révolutionnaire ». Face à lui, Hugo, le jeune « idéaliste » bourgeois en rupture de classe, reste du côté de « l'idéalisme révolutionnaire ». Il hésite à appliquer la ligne du parti quand sa conscience le tourmente. Sartre, dans *Les Mains sales*, laissait au spectateur le soin de juger la « bonne » attitude. S'il jugeait que l'attitude du « révolutionnaire » Hoederer était la plus saine [1], il voulait aussi montrer que les hésitations de Hugo posaient une question essentielle : « Un

1. Créée à l'époque de la formation du RDR, début avril 1948, *Les Mains sales,* déclara Sartre, n'est pas une pièce politique ; c'est une pièce sur *la* politique où l'épigraphe pourrait être la phrase de Saint-Just : « Nul ne gouverne innocemment. » Sartre confia à un journaliste : « Je pense quant à moi que la politique exige que l'on se "salisse les mains" et qu'il faut qu'il en soit ainsi. » Cf. *Sartre, un théâtre de situations*, *op. cit.*, p. 247-249.

révolutionnaire peut-il, au nom de l'efficacité, risquer de compromettre son idéal ? A-t-il le droit de se « salir les mains [1] » ? *Le Diable et le Bon Dieu* va plus loin que *Les Mains sales*, et ne laisse plus le spectateur indécis. Goetz choisira de faire la guerre des Paysans ; *Le Diable et le Bon Dieu*, c'est Hugo devenant Hoederer, c'est Goetz rejoignant le combat de Nasty. Mais Goetz ne deviendra jamais ce « militant » tel que le figure Nasty, l'autre personnage-clé de la pièce, le « réaliste-révolutionnaire ». Jouant de la crédulité de ses hommes découragés pour les mener au combat, ce dernier leur ment sciemment, encourageant leur superstition. « Tu les méprises donc ? » demande Goetz. « Je ne méprise que moi, répond Nasty. Connais-tu plus singulière bouffonnerie : moi qui hais le mensonge, je mens à mes frères pour leur donner le courage de se faire tuer dans une guerre que je hais. »

Si *Les Mains sales* est sans doute la pièce la plus jouée de Sartre, posant le choix de la politique comme nécessaire « compromission », *Le Diable et le Bon Dieu* est sûrement celle qui exprime le mieux en ces années d'après-guerre le sens de cette « conversion radicale » à l'authenticité que formule Sartre. Francis Jeanson et d'autres l'ont souligné.

---

1. J.-P. Sartre, *Combat*, 31 mars 1948.

Aujourd'hui, dans un contexte qui n'est plus celui de la guerre froide, où le « modèle stalinien » n'est plus que le fantôme d'*un* communisme, *Le Diable et le Bon Dieu* demeure comme une invitation à *réaliser* la solidarité avec le monde des opprimés. L'humanisme qui s'exprime dans la pièce de Sartre est fondé sur l'interdépendance des hommes entre eux, celle des *hommes réels*, pris dans les rets de l'aliénation. L'engagement pour faire advenir un autre monde n'est pas un jeu entre le Diable et le Bon Dieu – parfois un combat quand un Dieu de vengeance prend la figure du Diable – mais un enjeu entre des hommes qui ne sont pas tous de bonne volonté. Au XVIe siècle, la guerre des Paysans se termina par leur massacre.

Alors que Sartre choisit « le compagnonnage », Albert Camus s'interroge sur le destin des révolutions. Il a pris ses distances avec le communisme, sans avoir jamais vraiment songé à soutenir réellement le Parti. L'existence des camps soulève son indignation et sa condamnation de la « prophétie marxiste ». Sartre, pour sa part, veut remettre en marche la machine marxiste tombée en panne.

L'Homme révolté d'Albert Camus paraît à l'automne 1951. *Les Temps modernes* vont tarder à en faire la lecture, hésitant à en donner une présentation négative. Depuis 1945, les divergences idéologiques entre les deux écrivains se sont en effet accentuées sans rompre leur amitié devenue difficile. Un article, très critique, fut finalement rédigé par Francis Jeanson, « Albert Camus ou l'âme révoltée », qui fut publié dans la revue en mai 1952. Sartre rencontra par hasard Camus, avant la parution, et le prévint que le compte-rendu sur son livre serait réservé. Ce qui surprit Camus : la revue avait accepté son essai sur Nietzsche, « bien qu'il ne nous satisfît pas du tout » se souvient Simone de Beauvoir, qui, dans *La Force des choses*, situe l'état difficile de leur relation.

La fameuse réponse de Camus au texte de Jeanson[1], « Lettre au directeur des *Temps modernes* », sera publiée peu de temps après, dans la livraison d'août 1952[2]. La rupture entre les deux hommes sera dès lors consommée. Pendant longtemps leurs échanges seront comme une date-repère dans le champ idéologique français, et ils le sont parfois encore : partager le point de vue de

---

1. Francis Jeanson dans son essai sur Sartre se souvient que ce fut « la plus fameuse polémique *personnalisée* de l'après-guerre – la seule qui ait aussi durablement fait retentir autant de clameurs dans l'ensemble de la presse, et suscité autant de réactions passionnelles dans les secteurs les plus divers de l'opinion ». Cf. *Sartre dans sa vie*, *op. cit.*, p. 183.

2. Cf. « Lettre au directeur des *Temps modernes* », *TM*, août 1952. Le texte de Camus est repris dans son livre, *Actuelles II*, sous le titre « Révolte et servitude », puis dans le volume *Essais* de la Bibliothèque de la Pléiade (Gallimard).

Camus contre celui de Sartre, ou l'inverse, là est la question. Est-ce vraiment la question ?

Si l'opinion de Camus semble aujourd'hui primer, en un certain sens, sur celle de Sartre, c'est, sans doute, par l'effet rétrospectif de la chute du mur de Berlin, puis de l'effondrement du communisme soviétique fortement bousculé par les vagues successives de la « dissidence » – l'auteur de *L'Homme révolté* dénonçait *déjà* l'existence des camps, et son livre avait selon ses propres termes « pour sujet exclusif la révolte et la terreur dans notre temps ». Néanmoins, la dénonciation des camps soviétiques, pas encore du « Goulag », n'était pas le seul fait de Camus. *Les Temps modernes* eux aussi, et d'autres revues, en avaient déjà dénoncé l'existence, quand les idéologues du parti communiste ne traitaient guère *la* question. Dans cette querelle récurrente où le jeu qui pose est de savoir qui de Sartre, Aron ou Camus a le plus raison d'avoir eu tort ou… de nombreuses variantes existent… on ne gagne ni ne risque grand-chose. À moins de résumer la compréhension et la lutte contre le totalitarisme à une affaire de personnes, de chapelles ou de « lucidité ».

Les divergences entre Camus et Sartre sont profondes. Je ne chercherai pas ici à les résumer, au risque de simplifier outrageusement leurs positions respectives. Et de faire de Sartre l'éternel attardé de l'histoire et de Camus le visionnaire.

Commentant le discours de Camus à Stockholm, lors de la remise du prix Nobel de littérature qui lui est décerné en 1958, Michel Surya écrit avec justesse que sur un point au moins, et non le moindre, Camus se déclara alors en accord avec Sartre, quand il affirma que « c'est par définition, en effet, que la littérature sert ceux qui subissent l'histoire ; par définition qu'elle sert la vérité et la liberté ». C'est, croirait-on, en « crypto-marxiste » que « Camus dans ce discours de Stockholm accuse "l'art pour l'art" d'être une revendication d'"irresponsabilité", et l'art "purement formel" d'être un art "de salons" nourri de "préciosités et d'abstractions". Pour Camus, comme pour Sartre, comme pour les marxistes, "le temps des artistes irresponsables est passé [1]". »

L'opposition entre Sartre et Camus vient, entre autres, de leur approche de l'histoire.

Albert Camus affirme que l'une des « thèses centrales » de son livre est « l'analyse des contradictions dialectiques devant la fin de l'Histoire [2] ». Pour Sartre, en revanche, il n'est même pas question de se demander si l'Histoire a un sens, parce que « la question n'a pas de sens : l'Histoire, en

1. Cf. Michel Surya, *La Révolution rêvée...*, *op. cit.*, p. 134-135. Cf. aussi Albert Camus, *Discours de Suède*, Gallimard, 1958.

2. « Lettre au directeur des *Temps modernes* », *op. cit.*, p. 321.

dehors de l'homme qui la fait, n'est qu'un concept abstrait et immobile, dont on ne peut dire ni qu'il a une fin ni qu'il n'en a pas [1] ». Sartre décrète en outre que le problème n'est pas de connaître la fin de l'Histoire. « Au reste, ajoute-t-il, personne n'agit en vue de l'Histoire seulement. En fait les hommes sont engagés dans des projets à court terme éclairés par des espoirs lointains. » Chez Sartre, il n'est pas possible de sortir de l'histoire. Ni d'y entrer. On y est déjà quoi qu'on fasse. Impossible de s'en retirer sans risques : cesser de partager les fins de ses contemporains, c'est n'être plus sensible qu'à l'absurdité des agitations humaines. Celui qui au contraire « adhère aux fins des hommes concrets sait pourquoi les ennemis résistent et pourquoi il se bat ».

Camus, l'ancien résistant que Sartre n'oublie pas de saluer, n'est pas indifférent au sort ni aux raisons de ceux qui se battent. Il se distingue de Sartre, dit Michel Surya, par la vision essentiellement pessimiste de sa pensée et de son discours : « Certes, il se maintiendra auprès des opprimés, c'est-à-dire auprès de ceux qui subissent l'histoire ; certes, il luttera avec eux "à visage découvert", engageant sa littérature [...] ; mais ce maintien et cette lutte ne visent pas à construire avec eux une autre Histoire ;

1. « Réponse à Albert Camus », repris dans *Situations IV*, Gallimard, 1964, p. 124.

simplement à empêcher que prospère “l’instinct de mort à l’œuvre” dans celle qui est. » Franc-tireur, dit Surya, Camus « se refuse à se représenter en intellectuel prophétique [1] ». Mais Sartre est-il le modèle de l’« intellectuel prophétique » ? Certainement pas. Comme le dernier avatar de Goetz dans *Le Diable et le Bon Dieu*, il voit partout un combat et ne songe qu’à la victoire : ce qui ne relève d’aucune certitude prophétique, mais de la nécessité pour chacun de lutter pour tous au nom de tous.

Quant à l’existence des camps soviétiques et à l’analyse de ses conséquences pour le socialisme, là est sans doute le conflit central qui oppose les deux écrivains dans cette période de guerre froide où éclate en plein jour la polémique.

Camus identifie et analyse « deux symptômes d’embarras » de la part du critique de son livre. Premièrement : « Le refus de discuter réellement les thèses de Marx et de Hegel et de prendre explicitement position à cet égard. Oui ou non y a-t-il une prophétie marxiste, et est-elle aujourd’hui contredite par de nombreux faits ? »

Deuxièmement, dit Camus, « [Francis Jeanson] fait silence en effet sur ce qui, dans mon livre, touche aux malheurs et aux implications proprement politiques du socialisme autoritaire. [...] Il me paraît difficile en tout cas, si l’on est d’avis que le

1. Cf. Michel Surya, *op. cit.*, p. 135-136.

socialisme autoritaire est l'expérience révolutionnaire principale de notre temps, de ne pas se mettre en règle avec la terreur qu'il suppose, aujourd'hui précisément, et, par exemple, toujours pour rester dans la réalité, avec le fait concentrationnaire [1]. »

Sur ce dernier point, « le fait concentrationnaire », Sartre n'éludera pas la question, mais s'agace d'abord de la manière dont Camus lui répond par-dessus la plume de Jeanson, feignant d'ignorer que ce dernier est bien l'auteur de la critique et non Sartre. Puis il cite cette phrase de Camus extraite de sa « Lettre » : « Je trouverais normal et presque courageux, qu'abordant franchement le problème, vous justifiiez l'existence des camps. Ce qui est anormal et trahit de l'embarras c'est que vous n'en parliez point. » Raisonnement de flic, dit Sartre en substance ; il faudrait donc avouer qu'on les connaissait, pour faire cesser l'interrogatoire, en espérant que le tribunal tienne compte des aveux ? Raisonnez-vous juste ? demande d'abord Sartre, avant de répondre sur la question des camps en URSS. « Et si votre livre témoignait de votre incompétence philosophique », et votre réaction de votre « peur de la contestation ? »

Sartre en vient ensuite au « fait concentrationnaire ». « Nous avons posé la question des camps et

---

1. Cf. « Lettre au directeur des *Temps modernes* », *op. cit.*, p. 328.

pris position au moment même où l'opinion française la découvrait », affirme-t-il. Puis il ajoute : considérer que je « n'ai jamais soufflé mot des camps est calomnieux. Oui, Camus, poursuit-il, je trouve comme vous ces camps inadmissibles : mais inadmissible tout autant l'usage que la presse “dite bourgeoise” en fait chaque jour ». Les anticommunistes se réjouissent de l'existence de ces bagnes, « je les ai vus en user pour se donner bonne conscience ». Et « utiliser la souffrance des Turkmènes [du fait de l'URSS] pour justifier celle que nous faisons subir au Malgache[1] n'est pas recevable ». D'ailleurs, continue Sartre, pour un Français il est sans doute « difficile d'éprouver de la sympathie pour cet être abstrait qu'est le Turkmène vu d'ici », le souvenir des camps nazis aura réveillé, au mieux, « chez les meilleurs, une sorte d'horreur spontanée ».

Cette brève évocation de la querelle essentielle entre Camus et Sartre se comprend aussi clairement à travers ces lignes du « directeur des

1. À Madagascar, dans la nuit du 29 au 30 mars 1947, une vague de violence anti-française entraîne une répression impitoyable de la part de l'armée, qui durera jusqu'à l'été 1948. Certains chiffres donnent quelque 80 000 morts malgaches et 550 morts européens. Madagascar obtiendra son indépendance en 1960.

Temps modernes », qu'il est nécessaire de citer longuement :

« Voyez-vous, en l'absence de toute relation avec le Turkmène, ce qui devait provoquer l'indignation, et peut-être le désespoir, c'était *l'idée qu'un gouvernement socialiste, appuyé sur une armée de fonctionnaires, ait pu systématiquement réduire des hommes à la servitude*[1]. Or cela, Camus, ne peut affecter l'anticommuniste, qui croyait déjà l'URSS capable de tout. Le seul sentiment qu'ont provoqué en lui ces informations, c'est – cela me coûte de le dire – de la joie. De la joie parce qu'il la tenait enfin, sa preuve. [...] Il fallait agir non sur les ouvriers – l'anticommuniste n'est pas fou – mais sur tous les braves gens qui restaient de gauche. » De fait, dit Sartre, le choix se posait ainsi : dénoncer les camps, c'était « se mettre à dos les communistes » ; ne pas répondre aux sommations de les dénoncer, c'était se faire complice du « plus grand crime de la Terre ». Style de maîtres-chanteurs abjects, constate Sartre qui affirme clairement : « À mon idée, le scandale des camps nous met tous en cause. Vous comme moi. Et tous les autres : *le rideau de fer n'est qu'un miroir et chacune des moitiés du monde reflète l'autre moitié*[2]. À chaque tour d'écrou ici correspond

1. Nous soulignons. « Réponse à Albert Camus », *op. cit.*
2. Nous soulignons. *Ibid.*

là-bas un tour de vis et pour finir, ici et là-bas nous sommes les visseurs et les vissés. »

À la fin de ce passage de la « Réponse à Albert Camus », Sartre, qui considère la position de Camus intenable, conclut : « C'est qu'il me semble à moi, au contraire, que la seule manière de venir en aide aux esclaves de là-bas, c'est de prendre parti pour ceux d'ici [1]. » Une autre version de la réplique de Goetz, en somme : « Il y a cette guerre à faire et je la ferai » ?

Quant à la « prophétie marxiste », dont Camus pose la question de savoir si « aujourd'hui » elle n'est pas contredite par de nombreux faits », Sartre y répondra en détail huit ans plus tard dans *La Critique de la raison dialectique* : « C'est en dépassant la donnée vers le champ des possibles et en réalisant une possibilité entre toutes que l'individu s'objective et contribue à faire l'histoire : son projet prend alors une réalité que l'agent ignore peut-être et qui, par les conflits qu'elle manifeste et qu'elle engendre, influence le cours des événements [2]. » Nulle prophétie du marxisme, en ce sens, auquel Sartre appuierait sa pensée. Si le but de l'histoire est une libération, c'est une libération qui n'est jamais

1. Pour les citations de ce passage, cf. « Réponse à Albert Camus », *op. cit.*, p. 100-107.

2. Cf. *La Critique de la raison dialectique*, *op. cit.* p. 64.

donnée mais toujours conquise dans l'opacité d'un mouvement large qui est celui de l'histoire de tous les hommes ici et là-bas. Il y a une opacité de l'histoire ; le mot fin n'y sera posé qu'à titre d'hypothèse. Pour Sartre, il faut néanmoins agir dans l'immédiat, et cependant on ne sait pas exactement au nom de quoi. Mais certainement pas au nom d'un futur paradisiaque. Sartre n'est pas le prophète des lendemains qui chantent [1]. Comme le dit Colette Audry, « l'arrachement de la liberté humaine à l'oppression est la seule chance, le seul avenir de l'homme. *Cet avènement n'est pas inscrit à coup sûr sur les choses parce que la réalité humaine n'est pas une chose* [2] ».

---

1. La Révolution ? « Je crois au « matérialisme historique », dit Sartre en 1972, qui « explique certains comportements des hommes », mais fonder l'intelligibilité de l'histoire, « le résultat est pessimiste : on n'obtient jamais des résultats rigoureusement conformes à ce que l'on prévoyait, non parce que la nécessité du monde serait différente de celle que nous concevons, mais parce que la nécessité, dans les choses, n'est que partielle, et que la réalité fout le camp de tous les côtés à la fois. [...] En un sens, il m'importe peu d'être ou non pessimiste puisque je ne verrai au mieux que le commencement de la révolution, et qu'il suffit que je m'allie à vous [les Maos] pour faire le mieux possible le bout de trajet qui m'incombe ». Cf. *On a raison de se révolter*, *op. cit.*, p. 77-78.

2. Nous soulignons.

ils sont devenus mous !

Qu'on me permette cette parenthèse, un intermède, qui me semble illustrer la distance entre Sartre et Camus, et peut-être entre leurs « visions du monde ». Je l'emprunte à Olivier Todd.

Le 23 février 1980, Olivier Todd rend visite à Sartre. Le récit de cette visite ouvre son livre, *Un fils rebelle*[1]. L'ultime visite. Quelques semaines plus tard, le 15 avril, dans une chambre de l'hôpital Broussais, à Paris, Sartre meurt. Les deux hommes se connaissaient depuis 1948. Sartre avait préfacé en 1973 *Les Paumés*, un roman du journaliste du *Nouvel Observateur*, dont le récit se clôt en 1956 par le départ de soldats basés au Maroc vers l'Algérie où une autre guerre va durer.

Début février, le 9, Todd avait déjà rencontré Sartre. Ce jour-là, parmi d'autres sujets dont le livre que Sartre prépare avec Benny Lévy – ces fameux entretiens qui, publiés dans *Le Nouvel Observateur*, vont horrifier la famille sartrienne –, ils abordent la question du communisme.

Olivier Todd rapporte leur dialogue[2] :

« *Olivier Todd* : Aux plus mauvais moments, quand vous doutiez le plus du communisme, pensiez-vous que l'on verrait ça : le Viêt-nam, le

1. Olivier Todd, *Un fils rebelle*, Grasset, 1981.
2. *Ibid.*, p. 15-19.

Cambodge, les camps de rééducation, les boat people, les Khmers rouges ? Franchement, Sartre ?

Jean-Paul Sartre : Non, je ne l'imaginais pas.

Todd : Vous ne regrettez rien de vos rapports avec le communisme et avec les communistes ?

Sartre : Non. On ne pouvait faire autrement.

Todd : Vous voulez dire qu'on ne pouvait pas ne pas être avec les communistes aux mauvais moments ?

Sartre : Absolument... c'est ça.

[...]

Olivier Todd parle ensuite à Sartre des Nord-Vietnamiens qu'il a soutenus jusqu'à la chute de Saïgon – il fallait être avec eux, insiste Sartre –, puis des communistes vietnamiens dont il admet qu'ils sont devenus "d'inutiles et efficaces barbares".

Todd insiste :

"Enfin, quand même et malgré tout, pour toutes les classes sociales, et surtout les plus défavorisées, le communisme est un échec total : pour un ouvrier, pour un paysan, il vaut mieux vivre sous un régime capitaliste."

Sartre coupe sans hésitation :

"Bien sûr. Mais il faut inventer autre chose.

– Quoi ?

– Quelque chose entre le communisme et le capitalisme, un système qui ne sera ni le communisme ni le capitalisme.

– C'est-à-dire ?

– Un vrai socialisme.
– On repart de zéro ?
– Absolument.
– Vous découvrez la troisième voie sur le tard, un peu tard !
– Pas du tout, corrige Sartre. Ça, je l'ai toujours pensé. Maintenant, j'en suis encore plus convaincu qu'autrefois." »

Le dialogue continue. Sartre ne conteste pas le portrait désastreux que Todd trace du communisme, mais reste ferme sur sa position :

« Fascisme et nazisme sont des prolongements du capitalisme. Le communisme est quand même une mise en question radicale du capitalisme. »

Sartre voudra « toujours globaliser, transformer la société », dit Todd.

Ce dialogue, où l'on sent l'amitié d'Olivier Todd pour Sartre, illustre les choix du philosophe, et sa fidélité. Sartre n'y est pas caricaturé. Sa volonté obstinée à trouver un chemin pour fonder un autre rapport entre les hommes y est tout entière.

Ce ne sont pas les « erreurs de Sartre » qui ont fait le monde. Sartre n'eut que les « divisions » de ses mots, beaucoup moins nombreuses que celles du Vatican. Son insistance à vouloir penser le changement des sociétés fait de lui notre contemporain. Albert Camus ne le demeure-t-il pas aussi ?

Autrement. Leur querelle, qui ne leur était pas seulement personnelle, laisse ouverte la question d'une Histoire où « l'homme révolté » ne serait pas l'Autre, repoussoir, du révolutionnaire. « La dialectique marxiste, écrivait Sartre, n'est pas le mouvement spontané de l'Esprit, c'est le dur labeur de l'homme pour s'insérer dans un monde qui le refuse [1]. »

---

1. Cf. « Réponse à Claude Lefort », in *Situations VII*, Gallimard, 1965, p. 58.

VI

Les combats de l'intellectuel

« Michel Contat : Vous ne pensez pas que la célébrité vous a donné du pouvoir ?

– Jean-Paul Sartre : Je ne le crois pas. Peut-être, en effet, un agent de police me demandera-t-il plus poliment mes papiers. Mais je ne vois pas qu'en dehors de ces égards j'aie du pouvoir. Je ne crois pas avoir d'autre pouvoir que celui des vérités que je dis. »

« Autoportrait à soixante-dix ans »,
Situations X, 1975.

« *L'*Homme *est à venir.*
L'homme est l'avenir de l'homme. »

Francis PONGE
1943-1944 [1].

1. Francis Ponge, extrait de « Notes premières de l'Homme », in *Les Temps modernes*, n° 1, octobre 1945.

Parmi tous les combats de Sartre, celui qu'il entreprend contre le colonialisme ne sera d'aucune ambiguïté.

En 1956, lors d'une intervention dans un meeting pour « la paix en Algérie », il dénonce le système colonial avec vigueur. Son texte, qu'on peut relire dans un des volumes des *Situations* [1], se fait « pédagogue » : « C'est un système qui fut mis en place vers le milieu du XIXe siècle, commença de porter ses fruits vers 1880, entra dans son déclin après la Première Guerre mondiale et se retourne aujourd'hui contre la nation colonisatrice. » L'Algérie est pour Sartre « l'exemple le plus clair et le plus lisible du système colonial ». S'il n'est pas le seul à s'opposer à la « sale guerre », ses interventions vont servir de relais puissant à ceux qui se comptent dans cette opposition. La place de Sartre dans ce moment crucial pour la politique française

1. Cf. « Le colonialisme est un système », *Situations V*, Gallimard, 1964, p. 25-48.

est connue. Je ne rappellerai que quelques faits, pour l'exemple.

Paru dans le numéro de *L'Express* du 6 mars 1958, le texte de Sartre, « Une victoire [1] », vient appuyer la sortie de *La Question* d'Henri Alleg. L'auteur fait le récit de sa détention, après son arrestation par des parachutistes, et évoque sans fards la torture en Algérie. D'autres témoignages ont déjà commencé à circuler ; celui-ci ne passera pas inaperçu. Le numéro de *L'Express* sera saisi, de même que bientôt l'ouvrage d'Alleg paru une quinzaine de jours auparavant, aux Éditions de Minuit [2]. Motif : « participation à une tentative de démoralisation de l'armée, ayant pour objet de nuire à la défense nationale ». Le livre s'est pourtant vendu, a été lu. C'est « un livre à déconseiller aux âmes sensibles », écrit Sartre.

La force du livre d'Alleg, c'est son authenticité. « Institution semi-clandestine », la torture programmée y est décrite par l'une de ses victimes,

---

1. Texte repris dans *Situations V*, *op. cit.*, p. 72-88. Henri Alleg, membre du parti communiste algérien, avait été le directeur du journal *Alger Républicain* de 1950 à son interdiction cinq ans plus tard. En novembre 1956, il était passé dans la clandestinité.

2. « Une mesure sans précédent en France depuis le XVIIIe siècle », notent les auteurs des *Écrits de Sartre*, *op. cit.*, p. 316.

dans un témoignage « d'une calme lucidité », mais qui met les Français et les colons d'Algérie devant un choix : être complices de la torture et de la répression aveugle, ou peser pour une solution, rapidement. « Si nous voulons mettre un terme à ces immondes et mornes cruautés, écrit Sartre à la fin de son article, sauver la France de la honte et les Algériens de l'enfer, nous n'avons qu'un moyen, toujours le même, le seul que nous aurons jamais : ouvrir les négociations, faire la paix. » Il faudra encore plusieurs années de souffrance et de déchirements.

À la sortie du livre d'Albert Memmi, *Portrait du colonisé,* suivi du *Portrait du colonisateur*, Sartre approuvait dans son compte-rendu, en 1957, l'analyse de l'auteur sur les raisons de « l'atroce agonie du colonialisme », et insistait sur cette vérité qui faisait lentement son chemin parmi ceux qui hésitaient sur la seule solution au drame algérien : « Il n'y a ni bons ni mauvais colons : il y a des colonialistes ».

En septembre 1960, Sartre témoignera au procès du réseau Jeanson. Ce dernier est l'un des premiers vrais lecteurs et commentateurs de sa *Morale*, et l'auteur du texte sur *L'Homme révolté* de Camus, paru dans les *Temps modernes*. Sartre et Jeanson s'étaient brouillés, en 1956, à la suite d'un « absurde désaccord concernant les signataires d'un texte qui condamnait l'intervention soviétique en Hongrie [1] ».

En 1959, quand ont lieu les retrouvailles, Jeanson est entré dans la clandestinité. Il dirige un réseau français de soutien au Front de libération nationale (FLN) algérien, en liaison directe « avec le comité fédéral responsable des 400 000 Algériens de France » et des émigrés d'Europe occidentale. Le réseau accomplit de multiples tâches pour appuyer les activités des militants algériens ; il publie et diffuse un mensuel clandestin, *Vérités pour*. C'est à ce propos que Jeanson retrouve Sartre, à qui il demande un entretien pour le bulletin ; ce que Sartre accepte sur-le-champ, se proposant même de faire plus : « Utilisez-moi comme vous le pourrez » lui dit Sartre, ajoutant plus tard qu'il aurait « volontiers transporté des valises… » On connaît la suite.

Lors du procès des « porteurs de valises » devant le tribunal de Forces armées en septembre 1960, cité comme témoin par Roland Dumas, l'un des avocats du réseau Jeanson, Sartre, absent de France, fit parvenir une lettre au tribunal, après avoir envoyé un télégramme dans lequel il s'excusait de ne pouvoir témoigner en personne. En fait, on le saura plus tard, le contenu de cette lettre avait été

1. Cf. pour ce passage, le témoignage de Francis Jeanson, in *Sartre dans sa vie*, *op. cit.*, p. 213, auquel je me réfère.

mis en forme par deux collaborateurs des *TM*, Claude Lanzmann et Marcel Péju, à partir des indications que Sartre leur avait communiquées par téléphone…

Ce 20 septembre, la lettre fit l'effet qu'elle devait faire. Sartre y affirmait son soutien aux « Français qui aident le FLN ». Ces gens « ne sont pas seulement poussés par des sentiments généreux à l'égard d'un peuple opprimé et ils ne se mettent pas non plus au service d'une cause étrangère, ils travaillent pour eux-mêmes, pour leur liberté et pour leur avenir. Ils travaillent pour l'instauration en France d'une vraie démocratie [1] ». Son témoignage, considéré comme une provocation, faisait suite à la diffusion, à l'été 1960, du célèbre *Manifeste des 121*, une « Déclaration sur le droit de l'insoumission dans la guerre d'Algérie ». Sartre, s'il n'en fut pas l'un des rédacteurs, fut l'un des premiers à signer.

Diffusé d'abord sous forme de tract, le *Manifeste* est publié dans le numéro d'août des *Temps modernes*, qui sera saisi. Dans le numéro suivant, pour éviter une nouvelle censure, seul le titre du *Manifeste* apparaît, suivi des noms des 121 signataires où ne figure aucun communiste [2]. Plusieurs signataires furent inculpés, parmi lesquels Robert

1. Le parti communiste n'avait pas soutenu *Le Manifeste des 121*. Francis Jeanson, *op. cit.*, p. 216.

2. Cf. *Les Écrits de Sartre*, *op. cit.*, p. 359.

Antelme, Marguerite Duras, Claude Lanzmann, Claude Roy, Simone Signoret…

Dans une conférence de presse tenue à Paris le 1er décembre avec Simone de Beauvoir, Sartre intervient sur la question de l'insoumission : « Nous ne déclarons pas qu'il faut être insoumis. Nous déclarons que nous soutiendrons les insoumis. […] Nous savons parfaitement que le soutien aux insoumis n'est pas l'unique moyen pour aboutir à la paix. » Une précision qui, comme on peut le comprendre, ne suffira pas à désamorcer les projets d'attentats qui eurent lieu contre l'appartement de Sartre, rue Bonaparte, en juillet 1961 et janvier 1962. En 1962, il s'installera boulevard Raspail.

Parmi toutes les rencontres que Sartre fera au début des années 1960, celle de Frantz Fanon, qui termine alors son livre *Les Damnés de la Terre*, accentue son mouvement de radicalisation sur la question coloniale. Sartre et Beauvoir font sa connaissance à Rome, en juillet 1961. Atteint d'une leucémie, Fanon mourra quelques mois plus tard.

Psychiatre, né à la Martinique, membre du gouvernement provisoire algérien, Fanon va devenir l'un des symboles des luttes du « tiers-monde », une expression que Sartre va contribuer à répandre et qui, en ces années de décolonisation, va marquer les consciences, déterminant le passage à l'action de toute une génération.

« En régime colonial, écrit Fanon, on peut tout faire pour un kilo de pain ou un misérable mouton… Les rapports de l'homme avec la matière, avec le monde, avec l'histoire, sont en période coloniale des rapports avec la nourriture. Pour un colonisé, dans un contexte d'oppression comme celui d'Algérie, vivre ce n'est point incarner des valeurs, s'insérer dans le développement cohérent d'un monde. Vivre c'est ne pas mourir. Exister c'est maintenir la vie. Chaque date est une victoire ressentie comme un triomphe de la vie [1]. » Sartre était particulièrement à même de saisir avec ses propres mots cette « situation » et cet appel à une participation « directe » des peuples opprimés à leur libération. Écoutons Fanon :

« Être responsable dans un pays sous-développé, c'est savoir que tout repose en définitive sur l'éducation des masses, sur l'élévation de la pensée, sur ce qu'on appelle trop rapidement la politisation. […] On croit souvent en effet, avec une légèreté criminelle, que politiser les masses c'est épisodiquement leur tenir un grand discours

---

1. Frantz Fanon, *Les Damnés de la Terre*, Maspero, 1961, p. 227 (avec une préface de Jean-Paul Sartre), éd. de 1981 pour les citations. François Maspero avait publié, en 1959, l'ouvrage de F. Fanon, *L'An V de la Révolution algérienne*.

politique. [...] Or, politiser, c'est ouvrir l'esprit. C'est, comme le disait Césaire : "Inventer des âmes." Politiser les masses, ce n'est pas, ce ne peut pas être faire un discours politique. C'est s'acharner avec rage à faire comprendre aux masses que tout dépend d'elles, que si nous stagnons c'est de leur faute, et que si nous avançons, c'est aussi de leur faute, qu'il n'y pas de démiurge, qu'il n'y a pas d'homme illustre et responsable de tout et que les mains magiciennes ne sont en définitive que les mains du peuple [1]. »

Sartre pourrait avoir écrit ce texte, de son ton proche de la rage de Fanon. Ne pense-t-il pas que la parole des opprimés, pour être agissante, doit être l'expression du peuple lui-même, et que cette parole conquise est la seule vraie source de son action. Car pour libérer les hommes, il faut rompre leur isolement qui les mure dans une vaine révolte ; c'est pourquoi, dit-il, ce livre nous parle de leur haine, de leur colère, qui est tout ce que nous leur laissons de dignité.

« Le tiers-monde *se* découvre et *se* parle par cette voix », écrit Sartre dans sa préface, très dure, aux *Damnés de la Terre*, où il confirme avec force son soutien à ceux qui se battent pour l'indépendance de

1. Frantz Fanon, *op. cit.*, p. 133.

l'Algérie [1]. Il y dénonce aussi le silence, la démission, la division des Français face à la guerre d'Algérie – ces Français dont il dit que « toute l'histoire de notre époque leur est passée par-dessus la tête ». « La France, écrit Sartre, autrefois, c'était un nom de pays ; prenons garde que ce ne soit, en 1961, le nom d'une névrose. »

Aujourd'hui, « nous sommes enchaînés, humiliés, malades de peur, au plus bas », lance-t-il à ceux qui ont tardé à prendre la mesure du drame algérien, qui déshumanise le colonisé comme le colonisateur. « Européens, ouvrez ce livre, entrez-y. Après quelques pas dans la nuit, vous verrez des étrangers réunis autour d'un feu, approchez, écoutez : ils discutent du sort qu'ils réservent à vos comptoirs, aux mercenaires qui les défendent. [...] Lisez Fanon, dit Sartre : vous saurez que dans le temps de leur impuissance, la folie meurtrière est l'inconscient collectif des colonisés. »

Se déprendra-t-on, d'ailleurs, si rapidement des temps de haines ? Oui, si l'intellectuel, comme tous les autres, comprend que construire l'histoire de l'homme, ce n'est pas se joindre à son assassinat, s'en faire le complice.

---

1. J.-P. Sartre, « Les Damnés de la Terre », *Situations V*, *op. cit.*, p. 179.

Sartre, réveille-toi,

« Ah bien sûr, les “intellectuels” ! Une spécialité française. » Paul Webster, un ami très cher, correspondant du quotidien *The Guardian* en France, me répétait souvent, agacé, lorsqu'un débat rituel s'ouvrait en France à propos des intellectuels, pour quelques semaines, rarement plus de quelques semaines : « Mais les intellectuels, il n'y a qu'ici qu'on s'excite sur le sujet ! À Londres, être perçu comme un intellectuel, ça n'est pas glorieux, c'est même, à la limite, une insulte ! » Je lui répondais : ici aussi, mais pas pour les mêmes raisons... L'aventure intellectuelle de Sartre fait date dans les débats sur la place des intellectuels, y compris en Angleterre et partout où l'on trouve aussi des « intellectuels ». Du type de George Orwell, par exemple.

Les textes de Sartre sur le colonialisme, les problèmes du marxisme, ses pièces de théâtre *Les Mains sales*, *Nekrassov*, ajoutés à la légende dorée de « l'existentialisme » qui n'amusait pas Sartre, ont produit l'image d'un « intellectuel total », « conscience de son époque », « vigie morale » – et, pour les plus opposés à l'engagement du philosophe, ont forgé le thème fort couru de « donneur de leçons ».

L'image de cet intellectuel type n'est pas née avec Sartre – avec Zola bien sûr, et « la naissance des intellectuels » ; on pense à la genèse révolutionnaire de 1789, le « siècle des philosophes ». Et dans l'entre-deux-guerres, la voix des intellectuels antifascistes – Gide, Malraux et Breton qui ont préfiguré l'image de l'intellectuel politique, pour ne citer qu'eux.

Breton, le « pape » du surréalisme, en 1935, a signé le manifeste du 25 mars du Comité de vigilance des intellectuels antifascistes, dont le congrès se tiendra en juin de la même année. On retrouve à ses côtés, parmi les invités étrangers, Robert Musil, Bertolt Brecht, Aldous Huxley… Le Congrès est présidé par André Gide.

Sartre, le nouveau venu, a repris le flambeau que le fascisme avait jeté à terre.

En épigraphe de la troisième partie de son *Siècle des intellectuels*, intitulée « Les années Sartre », Michel Winock a choisi une citation de Roger Martin du Gard, extraite de son *Journal* daté du 8 novembre 1945. Elle est éclairante : « Sartre va polariser toute la jeunesse en quête de directives, et le mouvement qui s'ébauche – magistralement – sera d'ici peu général. Un nouveau palier se construit, où siègera pour un temps la vérité de demain. Nous autres, nous n'avons plus qu'à disparaître : les uns dans la réprobation, les autres dans l'oubli… »

Vision de prophète… Ou lucide interprétation des temps qui se font sous ses yeux, quand les rapports des intellectuels à leur époque vont changer du fait d'une nouvelle génération qui se sent en souffrance dans l'ancienne « République des Lettres », la guerre et la Résistance ayant bouleversé les anciens repères.

Dans le cas de Sartre, l'influence se mesurera surtout chez le « peuple de gauche », la bourgeoisie intellectuelle qui suit son élan et le lit. Plus que la « doctrine existentialiste » ou ses volumes de philosophie, ce sont les positions politiques de Sartre qui lui attirent un large public.

« Intellectuel phare », Sartre est celui qui, dans les années d'après la défaite et bien après, a, avec insistance, théorisé son propre rôle. À tel point que moquer le rôle des intellectuels français revient souvent, dans la polémique banale, à être soit du côté de Sartre soit contre lui... On me dira que Deleuze, Foucault, Derrida, Bourdieu, pour ne citer qu'eux, ont également théorisé ce rôle. Certes. Reste encore à repérer quel est le propre de l'intellectuel selon Sartre.

Car au XXIe siècle, « le siècle des intellectuels » semble s'éloigner à la vitesse de la lumière. Quand Bourdieu prenait la parole, c'était comme si l'on ressortait de sa boîte un vieux modèle de penseur conservé dans la naphtaline. C'est ce que l'on pouvait entendre chez les chroniqueurs pressés pendant le mouvement social de 1995. Bourdieu allait-il reprendre le flambeau de Sartre ? Lui, Bourdieu, le dernier Bourdieu, qui faisait plutôt partie de ceux « qui entendaient résister à “l’existentialisme” en sa forme mondaine ou scolaire [1]... » Bien entendu, Bourdieu n’était pas responsable de cette « situation ». Mais il faisait exemple de « dernier intellectuel » réchappé du déluge. Une sorte d’exception qui effrayait certains soirs les plateaux de télévision. Mais Sartre [2] ?

C’est dans les trois conférences qu’il donne au Japon, en septembre et octobre 1965, que Sartre a le mieux présenté sa définition de l’intellectuel, avant sa reprise de la question, après Mai 68. « Gardien de la *démocratie* », du « radicalisme » – « l’application des techniques de vérité aux illusions et au mensonge » –, l’intellectuel « conteste le caractère abstrait des droits de la démocratie bourgeoise », non pour les supprimer « mais parce qu’il veut les compléter par les droits concrets de la démocratie socialiste, en conservant dans toute démocratie la vérité *fonctionnelle* de la liberté [3] ».

1. Cf. Pierre Bourdieu, *Esquisse pour une auto-analyse*, Raisons d’agir, 2004, p. 21.

2. La France aime ses intellectuels, certains finissent à l’Académie, d’autres pas. Certains ont le Nobel, d’autres pas. Certains passent à la télé, d’autres s’y refusent. Quelques-uns ont des idées, d’autres... Puis il y a ceux qui s’engagent, ceux qui refusent de s’engager, ceux qui se désengagent... Qui fera le bilan ? Est-ce même une question ?

3. Cf. J.-P. Sartre, « Plaidoyer pour les intellectuels », in *Situations VII*, Gallimard, 1972, p. 430.

En 1971, lorsqu'il reprend dans *Situations VIII* le texte de ses conférences, Sartre le fait précéder d'une brève introduction où il constate « l'instabilité » de la notion d'intellectuel, remise en cause par Mai 68. Il tente de passer d'une définition de « l'intellectuel classique » à celle d'un intellectuel à la recherche d'un « nouveau statut populaire ». Car l'intellectuel doit comprendre « qu'aucune dénonciation politique ne pourrait compenser le fait qu'il est objectivement l'ennemi des masses ». Ainsi, explique Sartre dans une note, des universitaires américains peuvent bien dénoncer la guerre du Vietnam ; mais que pèse cette dénonciation « auprès des travaux que certains d'entre eux effectuent [...] pour donner des armes nouvelles à l'armée des USA ? » La République des intellectuels est effectivement bigarrée.

Quels sont les points sur lesquels Sartre appuie sa définition de l'intellectuel : « l'intellectuel est quelqu'un qui se mêle de ce qui ne le regarde pas [...] au nom d'une conception globale de l'homme et de la société » ? Cette définition de l'intellectuel dans la société actuelle est vraie, mais l'extrême diversité du monde social rend cette définition « abstraite et fausse ». La définition de l'intellectuel que propose Sartre sera donc la suivante : « L'intellectuel est l'homme qui prend conscience de l'opposition, en lui et dans la société, entre la recherche de la vérité pratique (avec toutes les normes qu'elle implique) et l'idéologie dominante (avec son système de valeurs traditionnelles[1]). » Car en lui-même, l'intellectuel reproduit les déchirements de la société, ses contradictions, « c'est-à-dire des conflits de classes[2] ». Bref des divergences d'intérêts.

Sartre écrira plus loin que l'ennemi direct de l'intellectuel « est le *faux intellectuel* que Nizan nommait le chien de garde, suscité par la classe dominante pour défendre l'idéologie particulariste par des arguments qui se prétendent rigoureux[3] ».

Et Sartre de prendre l'exemple de cet intellectuel qui, tout en désapprouvant les méthodes coloniales et en reconnaissant les inégalités dans les territoires d'outre-mer, se refusera à prendre parti, s'opposera à la révolte des colonisés, alors que son constat aurait dû le mener à « comprendre » leur violence.

La seule solution pour que l'intellectuel dépasse ses contradictions, sorte de son isolement, des chausse-trappes de l'idéologie dominante, c'est qu'il se déclare « solidaire de tout homme qui lutte pour lui-même et pour les autres contre ces contradictions ». En un mot, un scientifique, pour prendre

1. *Ibid.*, p. 399.
2. *Ibid.*
3. *Ibid.*, p. 408.

un exemple contemporain, doit résoudre ce dilemme : en tant que scientifique je suis pour le clonage, mais en tant que citoyen je suis contre. Il ne peut le résoudre que s'il prend en compte les intérêts de la société tout entière, et non *l'intérêt* bien compris des laboratoires qui exploiteront ses productions de « technicien du savoir pratique ». Comment, alors, définir le rôle de l'intellectuel ? Sartre le décrit en six points que je résume :

1. « Lutter contre la renaissance perpétuelle de l'idéologie dans les classes populaires. » Exemple : « la magnification du prolétariat » qui paraît être un « produit » de la classe ouvrière mais qui est un emprunt à l'idéologie bourgeoise. 2. Se servir du capital savoir de la classe dominante « pour élever la culture populaire » ; « jeter les bases d'une culture universelle ». 3. « Former des techniciens du savoir pratique [...], faire d'eux des intellectuels organiques de la classe ouvrière, ou des techniciens qui se rapprochent de ces intellectuels. 4. Se réapproprier les fins de l'intellectuel : « l'universalité du savoir, la liberté de pensée, la vérité, en y voyant une fin à atteindre *pour tous* dans la lutte, c'est-à-dire l'avenir des hommes ». 5. « Radicaliser l'action en cours », montrer les objectifs lointains « c'est-à-dire l'universalisation comme fin historique des classes travailleuses ». (Cette radicalisation que Sartre définit ici, on comprend qu'elle ne sera pas pour lui une découverte de 68. Après 68, on

feindra de découvrir chez le « nouveau Sartre » ce qui y était déjà.) Poursuivons. « Se faire *contre tout pouvoir* » « le gardien des fins historiques que les masses poursuivent [...] y compris contre le pouvoir politique qui s'exprime par les partis de masse... » Mais, ajoute Sartre, si l'intellectuel doit se mettre « au service du mouvement populaire », « il ne doit jamais cesser [1] d'exercer sa critique pour conserver à la fin sa signification fondamentale ». Une tension dont l'intellectuel devra faire son affaire. Conclusion de Sartre à la fin de la deuxième conférence : l'intellectuel « conteste le caractère abstrait des droits de la "démocratie" bourgeoise », non pour les supprimer « mais parce qu'il veut les compléter par les droits concrets de la démocratie socialiste, en conservant, dans toute démocratie, la vérité *fonctionnelle* de la liberté [2] ».

1. *Ibid.*, p. 430.

2. La troisième conférence, « L'écrivain et intellectuel », se conclut ainsi : L'écrivain n'est pas un « intellectuel par accident », son œuvre est, d'une part, restitution « de l'être dans un monde qui nous écrase et, d'autre part, affirmation vécue de la vie comme valeur absolue et exigences d'une liberté qui s'adresse à tous les autres ». Une définition qui ne semble pas correspondre, essentiellement, aux méditations des écrivains français du XXIe siècle. Français, dis-je... À moins que Houellebecq soit le parangon d'« une liberté qui s'adresse à tous les autres ? »

Cinq ans après ces conférences au Japon, Sartre se remet en question, ou est remis en question par la bourrasque. Il tient bon. Je n'étais encore qu'un « intellectuel classique », dit-il bienveillant – et peut-être convaincu ? Quoi qu'il en soit, Sartre pousse plus loin encore sa réflexion sur le rôle de l'intellectuel. On lui contestera le bien-fondé, l'année de sa mort, de cette recherche, dans le premier numéro de la revue *Le Débat.*

Dans l'article d'ouverture du numéro [1], « Que peuvent les intellectuels ? », le très respectable Pierre Nora écrit, reprenant le cliché minimal de l'anti-sartrien : « L'intuition personnelle et le *Café de flore* (*sic*) demeurent les seules légitimités de Sartre. » Intéressant ! Il ajoute plus loin : « L'intellectuel-oracle a fait son temps. Personne n'aura l'idée d'aller demander à Michel Foucault, comme jadis à Sartre, s'il doit s'engager dans la Légion étrangère ou faire avorter sa petite amie. » Bien, mais encore ? Peut-être cette phrase, aux antipodes de la position sartrienne, qui souligne la « nouvelle » autorité de l'intellectuel : *« la légitimation de la compétence par l'institution est devenue partie intégrante de la définition de l'intellectuel.* » Hélas, c'est vrai, Sartre n'était pas de la Sorbonne, ni du Collège de France, ni des Hautes

1. Cf. Pierre Nora, *Le Débat*, n° 1, Gallimard, mai 1980.

Études. Il n'était qu'agrégé de philosophie, ancien élève de l'École normale supérieure, comme Aron.

Quant au « régime de démocratie intellectuelle », Pierre Nora écrit à ce propos : « En régime de démocratie intellectuelle, on ne peut pas impunément se draper dans la bonne conscience d'avoir eu souvent tort pour des raisons toujours bonnes quand ceux qui vous ont cru, parfois en sont morts [1]. » Cela veut-il dire que Sartre, par exemple, aurait armé les bras des geôliers du Goulag ? Qu'il aurait été complice des massacres perpétrés par les Khmers rouges ? Ou que les « masses communistes » aient pleuré à la mort de Staline sur sa recommandation de compagnon de route ? Actes démiurgiques de l'« intellectuel prophétique » ?

Que Sartre n'ait pas pris toute la mesure du Goulag, et des réalités de l'ère khrouchtchevienne même, c'est un fait sur lequel il s'est expliqué de nombreuses fois. Non pour nous dire qu'il « avait eu souvent tort pour des raisons toujours bonnes », mais pour expliquer que ces raisons, comme celles qui le firent soutenir la cause de la lutte pour l'indépendance algérienne, étaient *fondées* sur un ordre du monde qu'il souhaitait différent, ou qu'il refusait – il n'était pas le seul – et qui semblait menacer « l'avenir de l'homme ».

Être du côté des opprimés n'est pas un gage de

1. Cf. Pierre Nora, *op. cit.*, p. 19.

sainteté révolutionnaire, on le sait ; ce n'est certes pas prendre non plus une assurance sur l'avenir qu'ils construiront une fois libérés – il n'est que de compter les révolutions trahies. Mais c'est choisir à un moment donné de prendre leur parti parce qu'ils représentent, à travers leur action, l'aspiration d'un monde où l'homme ne serait plus un loup pour l'homme. En fait, peut-être que je m'égare, et que le propos de Pierre Nora ne visait nullement Sartre et ceux qui l'ont suivi. D'ailleurs : leur « choix sartrien » n'aurait-il été que la conséquence d'une croyance en saint Sartre ? N'était-ce pas plutôt l'expression de leur propre volonté, fondée sur l'analyse du monde tel qu'eux-mêmes le saisissait ? Sartre en « conducteur des peuples », l'image restera plaisante… De même que le reproche de suivisme politique [1] qui lui fut parfois adressé. Ajoutons en passant que lorsque Octavio Paz écrit : « Les errements de Sartre sont l'exemple de l'usage pervers que l'on a fait de la dialectique

---

1. À Michel Contat, Sartre répond : « Ce n'est pas du suivisme […] j'estime que ce n'est pas aux intellectuels de former des groupes. Non pas que je pense que l'intellectuel doive servir d'appoint. Non, il doit faire partie du groupe et participer à son action, tout en maintenant ferme les principes et en critiquant l'action si elle s'en éloigne. » Cf. *Situations X*, *op. cit.*, p. 185-186.

hégélienne au XXe siècle[1] », il oublie qu'entre maîtres et esclaves, Sartre faisait la différence.

Reste le « compagnonnage » avec les Maos. Sartre évidemment n'était pas « maoiste », sceptique quant à l'intérêt de proclamer la liberté totale de l'individu tout en lui plaçant dans la tête des petits cailloux baptisés « pensées de Mao ». Mais son parcours avec certains d'entre eux, ceux de gauche prolétarienne, et particulièrement Pierre Victor alias Benny Levy par qui le scandale arriva, n'est pas fortuit.

Dans *On a raison de se révolter*, Sartre s'explique avec les Maos, et explique ce qui lui importe dans l'interprétation de Mai 68. Un ouvrage « grand public » où il précise néanmoins quelques « concepts » qu'il défend ou a défendus.

Examinant le « rapport des intellectuels avec les Maos », il défend la position du philosophe dans la société future : tout homme serait un intellectuel-manuel ; est philosophe un homme quelconque que des raisons particulières auront amené à se poser la question : « Qu'est-ce qu'un homme ? » et à tenter d'y répondre. Ce n'est pas le modèle de l'intellectuel « légitimé » par l'institution selon Pierre Nora.

Sartre présente plus loin l'exemple de ce modèle auquel il pense. Il le trouve dans les kibboutz qu'il a

1. Cf. Octavio Paz, in *Le Magazine littéraire*, septembre 1981.

visités, ce qui aurait sans doute fait sourire Pierre Nora s'il l'avait lu : celui d'un berger qui lisait, réfléchissait, écrivait en gardant ses moutons. Pierre Victor, lui, pensera à l'ouvrier dans les usines chinoises. Sartre a-t-il souri ? Sartre, qui tente, avec les Maos, la définition d'un nouveau type d'intellectuel, marque néanmoins sa distance et refuse de laisser tomber la rédaction de *L'Idiot de la Famille*, consacré à Flaubert, pour écrire un « roman populaire ».

« La plupart des hommes politiques de la IIIe, de la IVe ou de la Ve République, qui sont des républiques bourgeoises, dit Sartre, n'ont rien d'intellectuel, ce sont même des imbéciles à parler franchement. Ils ne savent rien de plus que conserver, que réduire au silence la majorité du pays en tant qu'elle est pleine de colère et d'indignation, d'angoisse. Dans cinquante ans, dans cent ans, l'homme politique sera différent [1]. » (Sartre y va peut-être un peu fort, Georges Pompidou était agrégé de lettres, et Valéry Giscard d'Estaing, son successeur, que Sartre, « trouvait plus humain que le premier », est entré à l'Académie...) Certains, admet Sartre, ont été des intellectuels *et* des hommes politiques, comme pouvaient l'être Jaurès, intellectuel devenu chef du parti socialiste, ou Léon

1. *On a raison de se révolter, op. cit.*

Blum, « mais pas beaucoup d'autres ». Mitterrand était évidemment un intellectuel. Sartre aurait-il ajouté à sa liste, aujourd'hui, Luc Ferry, philosophe et (ex-)ministre ? La question mérite réflexion.

À quels nouveaux hommes politiques pensent les trois interlocuteurs de *On a raison de se révolter* ? Au moins à celui de cette définition minimale. Sartre : « La scission du politique et de l'intellectuel est provoquée par une société en divorce avec elle-même. Cette scission disparaîtra, même s'il reste une distance entre la théorie et la pratique. » Complément : *Les hommes politiques mettront en accord leurs idées avec leur action.* Façon d'agir et façon d'être doivent s'accorder. (Saine idée : la « fracture sociale » par exemple, comment la réduire sinon en « intellectuel », selon cette définition ? Sartre, certainement, eut remarqué cette fracture entre le projet et sa réalisation.) Dans cette optique, *Libération* aura été pour Sartre un lien entre théorie et pratique, entre philosophie et politique.

La création de *Libération* sera l'un des « actes politiques » les plus représentatifs de Sartre après 1968. En février 1973, invité à la radio pour l'émission *Radioscopie*, Jacques Chancel lui pose, au cours de l'entretien, une question sur son œuvre à venir. « *Libération* fait partie de mon œuvre, répond Sartre : si nous atteignons notre but, si un jour le peuple parle au peuple, voilà une œuvre [1]. » *Libération* fait partie de l'œuvre de Sartre ; le but est-il atteint ? C'est une autre histoire, qu'il faudrait réexaminer en « situation ». Mais *Libération* existe encore, trente ans après.

Contexte. Le 13 décembre 1971, le journaliste Maurice Clavel, qui dirige l'*Agence de presse Libération* (avec Jean-Claude Vernier), base du futur *Libération*, et le très moral Jean Royer, réputé pour ses prises de position… conservatrices, alors député-maire de Tours, sont invités dans une émission de télévision de « grande écoute ». Thème de la soirée : « Les mœurs : la société française est-elle coupable ? » Trois ans après 68, ce genre de débat fait frissonner. Chaque invité, avant le débat, présente un court métrage d'une quinzaine de minutes, réalisé sous sa responsabilité. Celui de Maurice Clavel, « Le soulèvement de la vie », est un hymne à la liberté, vibrant. À la fin de la diffusion, coup de théâtre [2] : Maurice Clavel crie à la censure et quitte le studio après avoir lancé son célèbre : « Messieurs les censeurs, bonsoir ! » Un

1. Cf. Jacques Chancel, *Radioscopie*, *op. cit.*, p. 214.

2. À *Droit de Réponse*, avec Michel Polac, il y aura parfois des départs ou des incursions tonitruantes, mais en cette ère pompidolienne de télé-bleu-horizon, cela fait scandale. Michel Polac en sait quelque chose à l'époque où son magazine *Post-Scriptum*, ancêtre de *Droit de Réponse*, a été supprimé à cause d'une émission où l'on traitait de l'inceste…

« grand moment de télévision » comme on dit, quand la télévision est un peu plus que la télévision. Un véritable scandale à l'époque. « L'objet du litige ? Un mot : aversion. Les producteurs de l'émission l'ont supprimé du film de Clavel sans prendre son avis. Leur censure vient du fait qu'il a été prononcé par Georges Pompidou au cours d'une interview au *New York Times Magazine* (29 août 1971) ; dans celle-ci, le président de la République avouait son *aversion* et l'agacement que lui inspirait la Résistance [1]. »

L'esprit *Libé* se fraie un chemin.

Un manifeste est concocté, puis une souscription en décembre 1972. Le 22 mai 1973, le journal est lancé. J'avais reçu le manifeste de *Libération* par le truchement de Maurice Clavel, à qui j'avais envoyé en termes enthousiastes une lettre de « félicitations » après son coup de gueule télévisé.

En première page, en haut à gauche du manifeste qui en compte huit, on peut lire : « Pour être libre de tout dire, un quotidien ne peut être financé ni par les banques, ni par les partis. » À droite, un aperçu du traitement de l'information selon *Libération*. « Des secrets rendus publics. Des reportages sur les luttes de tous les jours. Des articles faits par la population et par des journalistes au service de la vérité », etc.

---

1. Cf. F.M. Samuelson, *Il était une fois Libé...*, Le Seuil, 1979, p. 116.

En page 2, titre : « Il est temps que paraisse un quotidien démocratique. » Page 3 : « Qui écrit les articles ? VOUS : la conception de *Libération* est : “Peuple, prends la parole et garde-la.” » En page 4, on lit que l’équipe de travail a désigné un « Collectif de Direction ». Il y a bien sûr Sartre, Michel Foucault, Philippe Gavi, Serge July, Pierre Victor… Sur la même page, une question est posée : Combien sont payés les journalistes ?

« Les journalistes de *Libération*, peut-on lire, partageront la vie des lecteurs du journal dans les cités, dans les banlieues, dans les villages. Pour l’équipe de *Libération*, il n’y a pas de différence entre travail manuel et intellectuel. À *Libération*, il n’y aura pas de hiérarchie des salaires, ni de petits chefs ; le motard, comme le journaliste, auront droit à la parole. Respectant les barèmes des professions de presse, les travailleurs de *Libération* participeront à la souscription en reversant au journal la partie de leur salaire supérieure à celui de l’OS métallo de la région parisienne. »

Sur la même page, la réponse courant sur la page 5, cette question : *Libération* est-il l’organe ou dépend-il d’un parti politique ?

« NON : lors des élections, l’équipe de *Libération* ne défendra aucun parti ni aucun candidat.

« La politique, pour *Libération*, c’est la démocratie directe. Aujourd’hui, élire un député, c’est vouloir que le peuple ne dise son mot qu’une fois tous les quatre ans. Et encore, pendant ces quatre ans, l'élu du peuple peut-il faire ce qu'il veut ? Il n'est pas placé sous le contrôle de ses électeurs ; il ne représente que lui-même. Mais si des gens du peuple veulent dirent pourquoi ils voteront, ils pourront le faire dans *Libération.* Cette forme de débat sera possible dans les colonnes du journal. Pour sa part, l'équipe de *Libération* refuse de cautionner un système qui coupe la parole au peuple. » La dernière page du dépliant-manifeste titre simplement : « Soutenez *Libération* au-dessus d'une colonne réservée à la souscription. »

« Le manifeste » fait aussi partie des « œuvres » de Sartre. *Libération* lui doit une part de son image. Le journal a continué sans lui. Opacité de l'Histoire, *Libération* n'est pas devenu ce qu'« ils » disaient qu'il serait. Les temps ont changé. Mais *Libération* existe. J'y ai (très) brièvement travaillé, le « parrainage » intellectuel de Sartre m'y avait conduit. Depuis, beaucoup d'encre a coulé sur les pages des quotidiens. L'époque a muté, mais tel est le destin de toutes les époques. Le changement, au cœur d'une permanence. Transparence de la liberté qui s'impose à soi, à tous. Dans tous ses avatars.

Ce n'est qu'un début

« Lénine, réveille-toi, ils sont devenus fous. »

Sur les murs de Prague, 1968.

« Je voudrais un public plus large, nettement moins bourgeois, moins riche, un public de prolétaires et de tout petits-bourgeois ; et le public que j'ai est un public bourgeois, au sens propre du terme. Il y a une difficulté dont j'ai souvent été profondément ennuyé. »

Jean-Paul SARTRE,
La Cérémonie des Adieux, 1974.

Les temps sont au reflux des projets révolutionnaires. Parce que le monde a changé. Parce que le mur de Berlin est tombé en 1989 et que le « communisme », tel que la glaciation stalinienne l'avait depuis longtemps congelé, n'était plus que la lumière fantomatique d'un espoir qui avait tourné court. Mais l'espoir n'a jamais été un thème vraiment sartrien. Les révolutions ont dévoré leurs enfants. Les archives qui se sont ouvertes, les livres, les témoignages depuis plusieurs décennies abondent, qui décrivent ces temps. Dans le détail et en de nombreuses langues. Et bien avant 1989, déjà, Sartre, on l'a vu, avait pris sa part dans l'énonciation d'un échec, avec sa façon d'avancer qui parut lente à certains.

Tout a changé, parce que le « coup de Prague », le premier, le second en 1968 après celui de Budapest en 1956, parce que Soljenitsyne, parce que les massacres des Khmers rouges, la Révolution culturelle chinoise et ses coulisses, parce que Castro et ses prisons, parce que la Stasi, etc. *Et cetera* lourd de sens et de conséquences. Il faudra encore beaucoup de livres pour expliquer le reflux, les raisons des échecs, les déceptions. Bref tirer des leçons de l'histoire... Car il y a encore à dire sur le « destin » du communisme, comme il reste, soixante ans après Auschwitz, et pour longtemps encore, à nommer l'innommable.

Jadis, les ex-nouveaux philosophes médiatisèrent les dévoiements des révolutions, à satiété. Ils étaient écoutés pour leurs « révélations » d'un drame comme si c'était une révélation. L'analyse du totalitarisme était depuis longtemps en cours, avec et après Hannah Arendt par exemple. Staline ou Hitler, ajoutèrent certains, n'était-ce pas la même terrible marque du Mal ? Avec des variantes, concédait-on.

Se sont ouverts, au tournant des années 1990, les temps de la « fin de l'histoire ». Une formule trop rapidement exploitée. Que pouvait-on entendre là ? Que l'histoire, dans la clarté d'un concept aveuglant, « réalisé », avait trouvé son sens : celui de la libération du totalitarisme ? Cette « fin » ne marquait-elle pas plutôt le début d'un nouveau « discours » sous de vieux oripeaux ; la mise en scène d'un nouvel élan d'un monde ancien : temps spectaculaire d'un espace dominé par l'argent, le « mur de l'argent » comme on dit. Un temps à ne pas mettre un drapeau rouge dehors. Rose, à la rigueur, puisque le vide fut occupé par un socialisme de la fin des utopies, accompagnant la libéralisation à tout crin de l'économie – dont les « socialistes en France ont été les protagonistes héroïques »[1] –, et le retour d'un ordre moral, à petits pas. Mais fini le temps où « tante Yvonne » se mêlait des mœurs des ministres du Général. L'immoralité qui fait à peine scandale s'est incarnée du côté d'Enron. C'est un progrès.

Et puis, ajoute-t-on, la Démocratie, fragile, a gagné sa longue marche. Qui ne s'en réjouirait ? Elle est le moins mauvais des systèmes, à l'exclusion... Mais elle est fragile. Claude Lefort[2], avec lequel Sartre fut proche puis se brouilla, précisément sur la question du marxisme, a produit des analyses qu'on ne saurait oublier[3].

L'irrésistible « mondialisation », qui ne date pas d'hier – « l'entrée des peuples dans le réseau du marché mondial », disait... Marx –, devint la nouvelle clé servant à fermer toutes les ouvertures proposant des changements de société. Avec ses

1. Cf. Cornelius Castoriadis, *La montée de l'insignifiance. Les carrefours du labyrinthe IV*, Le Seuil, 1996, p. 26.

2. Parmi ses ouvrages, son recueil d'articles : *L'invention démocratique. Les limites de la domination totalitaire*, Fayard, 1991.

3. Cf. « Réponse à Claude Lefort », in *Situation VII*, *op. cit.*

corrélats : un nouvel ordre mondial sous l'imperium indépassable des États-Unis – un lieu-commun trompeur, dit Emmanuel Todd –, l'impérieuse nécessité de construire l'Europe, mais plutôt libérale, car seul *le* Marché… Cette période où nous sommes sans doute pour longtemps s'est ouverte au milieu des vestiges des révolutions bafouées, des cadavres des révolutionnaires, des rodomontades des ex-révolutionnaires revenus de tout, des « évangélistes du marché » prêts à tout, sans oublier les révolutionnaires qui n'ont pas pris la mesure d'une époque nécessitant quelques ajustements – le mot est faible – de doctrine.

Bref, comme le notait Castoriadis au milieu des années 1990 : « Les grands mouvements qui ont secoué depuis vingt ans les sociétés occidentales – jeunes, femmes, minorités ethniques et culturelles, écologistes – ont certes eu (et conservent potentiellement) une importance considérable à tout point de vue, et il serait léger de croire que leur rôle est terminé. Mais, actuellement, leur reflux les laisse en l'état de groupes non seulement minoritaires, mais fragmentés et sectorisés, incapables d'articuler leurs visées et leurs moyens en termes universels à la fois objectivement pertinents et mobilisateurs [1]. »

Ce regard de Castoriadis pourrait-il discerner,

---

1. Cf. Castoriadis, *op. cit.*, p. 17.

aujourd'hui, dans la première décennie du XXIe siècle, un autre horizon ? Le mouvement altermondialiste échapperait-il à « l'incapacité » dont parle Castoriadis ? Serait-il l'indice de la fin du reflux ? Sur la question du pouvoir, de la démocratie directe ; sur les moyens d'ouvrir le mouvement altermondialisation au-delà des classes moyennes qui le portent, sur le rapport au marxisme après Marx, sur la question des buts à atteindre pour imaginer un autre monde, sur l'action, sur la violence, les altermondialistes pourraient trouver chez Sartre des idées pour parsemer leur réflexion sans se perdre.

« Un autre monde est possible, c'est un peu vite dit, écrit Miguel Benasayag. Il ne faut pas se tromper entre le “possible” et le “réalisable”. » « La résultante de tout cela est un point noir total. Dans une époque comme la nôtre, la seule éthique révolutionnaire, c'est de s'engager dans l'ignorance. C'était déjà la conviction de Sartre, ajoute-t-il, et ça n'a sans doute jamais été aussi vrai. On ne peut s'engager que dans l'“ici et maintenant [1]”. »

Ici et maintenant, Sartre peut être entendu.

---

1. Cf. Miguel Benasayag, in *Où va le mouvement altermondialisation*, ouvrage collectif, La Découverte, 2003, p. 61. Et aussi, Miguel Benasayag, *Abécédaire de l'engagement*, La Découverte, 2004.

Sartre, réveille-toi,

Bien sûr, il est mort. Socrate aussi. Sartre, depuis cinq lustres l'illustre. Lorsque je feuillette un livre de Sartre, je ne retrouve pas seulement le temps passé d'une jeunesse – la nostalgie n'est pas un bon guide. Je tourne les pages et au creux de chaque phrase j'entends la voix d'un homme. Pas celle d'un fantôme, quoiqu'il en existe de plaisants dans la littérature contemporaine. Mais Sartre, ne vivait pas dans le monde de la magie. Serait-ce alors plutôt le fantôme de Henry James, qui en a assez d'être *survivant* et qui désire le repos éternel ? Non. Sartre qui ne visait pas, ou qui avait abandonné à leur sécheresse, les lauriers factices de la postérité a réussi son coup. Les « erreurs de Sartre » feront encore couler beaucoup de sueur, quand les donneurs de leçons et les Cassandre continueront de prédire que tout va mal, et que c'est difficile de changer le monde. Ce qui n'est pas faux. On a appris à le savoir.

Les livres de Sartre restent présents – ceux de Beauvoir aussi, comme ceux d'un certain Malraux de *La Condition humaine*, parce que dans leur présence éloignée ils sont, par la tonalité de leur dessein, l'une des couleurs des jours présents. Sans oublier Camus, celui de *Noces*. Et parce que j'aime mieux imaginer une France selon Sartre que de vivre dans celle de Maurice Papon ou de Le Pen.

Parce que j'aime mieux parcourir les chemins de la liberté que les allées du Roi. Parce que les sentiers de traverses sartriens ont croisé ceux de Paul Nizan, de Frantz Fanon, d'Albert Memmi, de Merleau-Ponty et même d'Aron, parfois, et tant d'autres, connu(e)s ou inconnu(e)s. Parce que tous ceux-là se sont plongés dans le XXe siècle jusqu'à y suffoquer – pas du même souffle, certes. Parce qu'on ne peut faire l'histoire intellectuelle du siècle sans évoquer son nom ni ceux de Foucault, Deleuze, Derrida... Tous les chroniqueurs seront d'accord, peut-être, sur ce point. Mais « Sartre, hélas ! » disent les moins malveillants, comme pour Hugo !

On chicanera : ses sommes philosophiques ? Illisibles. Ses romans ? Dépassés. Ses chroniques, ses conférences, son théâtre ? Beaucoup de points de vue. Que retenir alors ? Tout.

C'est l'œuvre tout entière, avec ses silences, ses cris, ses impasses. L'œuvre de Sartre est un miroir à promener le long des routes tortueuses de l'histoire qui se fait, que nous faisons, qui s'est faite. Un miroir qui parle. Il ne dit pas la bonne aventure. Ni ce qu'il *faut faire*. Ni ce qu'il faut voir. Il reflète les images de notre marche incertaine, et d'un XXe siècle qui ne s'est pas volatilisé dans les fumées hollywoodiennes d'une apocalypse annoncée.

Réveillons-nous. Réveillez-vous. Sortez de l'abattement. Stoppez le délire consommateur, la communication-portable. Un autre monde est possible. Un monde où l'on ne maudit pas l'avenir. Un temps qui peut venir. Meilleur si vous le construisez. Il y a d'autres Amériques à découvrir.

Il faut parier pour une nouvelle renaissance, comme le suggère Edgar Morin. Inventons de nouvelles cartes ! Assez des rondes de nuit sur le qui-vive de la peur et des aigres regrets. Tout ne se fera pas d'un coup. Le Paradis n'existe pas. Toute vie est l'histoire d'une histoire sans conclusion. La mort n'est pas une fin. Chaque individu qui naît reprend le flambeau de l'histoire. Il y a des espaces à occuper. Il ne s'agit pas de refonder le parti du futur Grand soir, mais de sertir chaque jour d'une pierre précieuse, la pierre de la volonté de vivre.

Arrêtez, jeunes gens découragés, de ressasser que le monde tel qu'il est ne vous permet plus de le transformer. Qu'hier c'était possible. Levez-vous du bon pied, trouvez vos chemins de liberté, forcez les portes qui ne sont que fermées à vos regards sceptiques.

Sartre était, parmi nous, parmi d'autres, un lutteur. Il s'est parfois égaré ? La belle affaire. Son œuvre prouve au moins qu'il a vécu. Il a passé sa vie à boucher les trous du silence. Il a remis chaque mot sur la planche à tracer de nouveaux sens.

ils sont devenus mous !

J'avais rendez-vous avec Sartre, vers la fin de sa vie. La sonnette de son studio glapissait dans le vide. J'attendais. Puis la porte de l'ascenseur s'est ouverte. C'était Sartre. Seul. Ce devait être peu de temps après l'agression dont il avait été victime, provoquée par une sorte de clochard. C'était Sartre, fragile, aveugle. Je me suis présenté. Sartre s'est excusé de son retard. Il a ouvert sa porte. Je l'ai aidé à enlever son vêtement. Il s'est assis dans une manière de fauteuil. Il a sorti une cigarette. Je l'ai allumée. Ce n'était pas ma première visite. Nous avons parlé. Il ne m'a rien révélé. J'avais encore à apprendre.

Chez Sartre, il y avait du Cyrano, finalement : du panache. Du Cyrano et du Pardaillan, le Zorro de l'enfance de Poulou. On ne comprend pas l'héroïsme de Sartre dans ses rapports avec le parti communiste si l'on oublie Pardaillan, le bretteur justicier. On peut sourire… Au fond, aux pires moments de son découragement, dans ses allers-retours d'URSS, Sartre ne renonçait pas à révolutionner le monde. Entêtement ? Non : vigilance pour une certaine idée de l'homme.

Faites le test, je le fais souvent. De bon matin ouvrez un livre de Sartre, vous ne vous rendormirez pas. Chacune de ses pages met en éveil votre intelligence. Que vous soyez d'accord ou non avec ce qu'il écrit, ses mots vous sollicitent. Et puis chemin faisant, si vous le lisez avec exigence, vous oublierez tous les discours sur les « erreurs de Sartre », sur son anticommunisme, ou sur son adoration des Soviets. Vous découvrirez le projet de l'écrivain-philosophe-dramaturge-historien de l'époque. Vous ne pourrez plus dire qu'il était un planqué pendant la guerre.

Vous comprendrez pourquoi il y a une telle différence entre la France de Sartre et celle de ces plastiqueurs OAS. Pourquoi « l'existentialisme » reste la philosophie indépassable de notre temps dans son projet de penser un homme libre dans une société libre. L'enfer ce n'est pas les autres. L'enfer, c'est celui d'un monde pollué par les gadgets, par les « relations humaines » manipulées par le travail idiot, par l'absence de vraie culture, par le manque de fraternité.

Et vous comprendrez alors pourquoi un philosophe, la soixantaine passée, a perçu dans Mai 68 la trace de quelques-uns de ses espoirs longtemps différés. « L'imagination au pouvoir », cette imagination qu'il prête aux camarades de Cohn-Bendit, au plus fort des « événements », vous saurez que ce pourrait être autre chose que des mots.

Vous comprendrez que ce n'était pas la posture démagogique d'un vieux Monsieur envers la jeune génération… mais la « divine » surprise d'un intellectuel qui redécouvrait les élans libertaires de sa jeunesse, et qui remit sa pensée en marche.

ils sont devenus mous !

Sartre ne se retournait pas sur son chemin. Il n'attendait pas que l'événement lui donne raison. Il traçait sa voie dans ce « buisson de questions » où, disait René Char, « aucun oiseau n'a le cœur de chanter ». Sartre était un chercheur. Pas un intellectuel pleurnichard ou silencieux, penché sur le balcon de son époque, jurant que l'utopie peut défiler sans lui, que le réalisme est de mise, que la fin des « grands récits »…

J'aime Sartre pour cela que sa vie fut une vie dans un siècle effroyable, et parce qu'il tenta avec ses propres moyens d'y mettre un peu de clarté. Ce n'est pas lui qui tenait les projecteurs éclairant un monde barbare. En revanche, mot après mot, il tenta d'en éclairer les zones d'ombre et de dénoncer les lumières artificielles qui cachaient la vérité.

Et puis, je le répète, j'aime Sartre pour ce qu'il nous a laissé de questions en suspens ; et pour ses réponses que l'on peut contester, mais sans haine et avec amitié.

Le siècle est mou disait Balzac de son époque. Le nôtre le sera aussi si l'on n'entend pas, comme le disait Sartre, que nous sommes « condamnés à être libres ». Peut-être, alors, un autre monde sera-t-il possible. Notre destin est entre nos mains. Les sombres recoins de l'Histoire ne justifient pas notre envie de trouver refuge dans les clairières déjà très encombrées de l'abstention.

Orientations bibliographiques

Voici quelques ouvrages de ou sur Jean-Paul Sartre qui ont enrichi ma réflexion, outre ceux cités en note. À lire, sans retenue, dans le désordre !

Ouvrages de Jean-Paul Sartre

L'Affaire Henri Martin, texte collectif, *Commentaire de Jean-Paul Sartre*, Gallimard, 1953.

Entretiens sur la politique, avec David Rousset et Gérard Rosenthal, Gallimard, 1949.

Les Carnets de la drôle de guerre. Novembre 1939-mars 1940, Gallimard, 1983.

Lettres au Castor et à quelques autres, édition établie, présentée et annotée par Simone de Beauvoir, Gallimard, 1983.

On a raison de se révolter, avec Philippe Gavi et

Sartre, réveille-toi,

Pierre Victor, Gallimard-Presses d'aujourd'hui, coll. « La France sauvage », 1974.

Situations, Gallimard, vol. I à X. Et tout particulièrement : « Portraits », vol. IV, 1964 ; « Colonialisme et néo-colonialisme », vol. V, 1964 ; « Problèmes du marxisme », vol. VI, 1964, vol. VII 1965 ; « Autour de 68 », vol. VIII, 1972 ; « Politique et autobiographie », vol. X, 1976.

Autour de Sartre

ASTRUC Alexandre (réalisateur) et CONTAT Michel, scénario du film *Sartre*, Gallimard, 1977.

AUDRY Colette, *Sartre*, coll. « Philosophe de tous les temps », Seghers, 1966.

BEAUVOIR Simone (de), *La Cérémonie des adieux*, suivi des *Entretiens avec Jean-Paul Sartre*, Gallimard, 1981.

BEAUVOIR Simone (de), *Lettres à Sartre, 1940-1963*, Gallimard, 1990.

BOSCHETTI Anna, *Sartre et Les Temps modernes*, Éditions de Minuit, 1985.

COHEN-SOLAL Annie, *Sartre. 1905-1980*, Gallimard, 1985 (« Folio-essais », 1991).

COLOMBEL Jeannette, *Sartre ou le parti de vivre*, Grasset, 1981.

CONTAT Michel et RYBALKA Michel, *Les Écrits de*

Sartre, Chronologie et bibliographie commentée, Gallimard, 1970.

CONTAT Michel et RYBALKA Michel, *Sartre, un théâtre de situations*, coll. « Idées », Gallimard, 1973.

FRANCIS Claude et GONTIER Fernande, *Les Écrits de Simone de Beauvoir. La vie. L'écriture*, Gallimard, 1979.

GEORGE François, *Sur Sartre*, Christian Bourgois, 1976.

JEANSON Francis, *Le Problème moral et la Pensée de Sartre*, Le Seuil, 1965.

JEANSON Francis, *Sartre*, coll. « Écrivains de toujours », Le Seuil, 1955 (rééd. 1974).

JEANSON Francis, *Sartre dans sa vie*, Le Seuil, 1974.

LÉVY Bernard-Henri, *Le Siècle de Sartre*, Grasset, 2000.

SURYA Michel, *La Révolution rêvée. Pour une histoire des intellectuels et des œuvres révolutionnaires. 1944-1956*, Fayard, 2004.

VERSTRAETEN Pierre, *Violence et Éthique*, Gallimard, 1972.

La collection des *Temps modernes* (*TM*), et particulièrement :

TM, nº 1, 1er octobre 1945 (rééd. 1980).

TM, « Spécial quarantième anniversaire », nº 471, octobre 1985.

Sartre, réveille-toi,

TM, « Témoins de Sartre », n° 531 à 533, 2 tomes, octobre-décembre 1990.

TM, « Présences de Simone de Beauvoir », n° 619, juin-juillet 2002.

Et aussi :

BENASAYAG Miguel, *Abécédaire de l'engagement*, Bayard, 2004.

BENSAÏD Daniel, *Une lente impatience*, Stock, 2004.

Table des matières

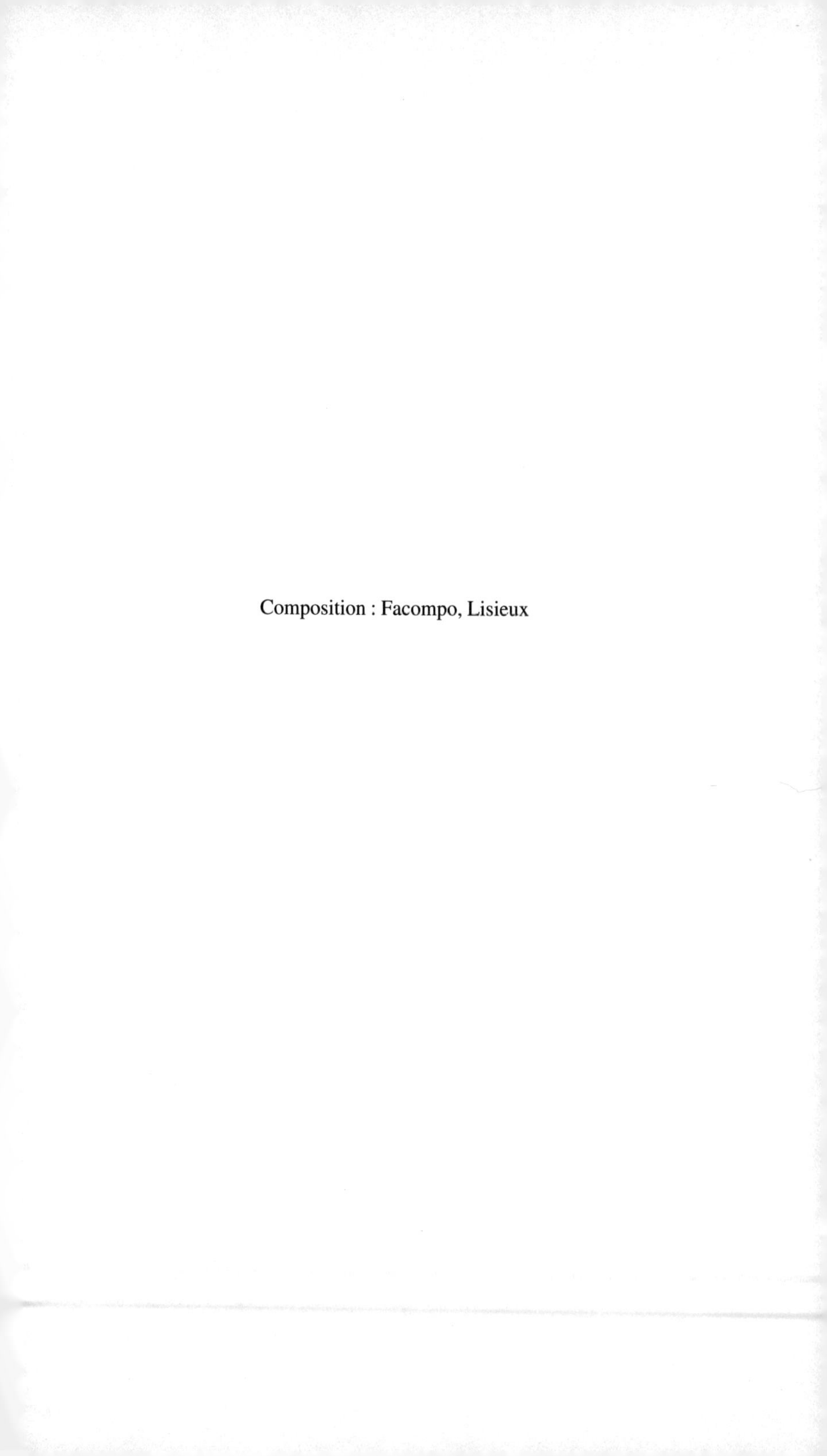

Composition : Facompo, Lisieux

Achevé d'imprimer en mars 2005
sur les presses du

Groupe Horizon

Parc d'activités de la plaine de Jouques
200, avenue de Coulin
F - 13420 Gémenos

pour le compte des Éditions Ramsay

Imprimé en France
Dépôt légal : mars 2005
Numéro d'impression : 0502-183
ISBN : 2-84114-729-0
11/4/05